# RECUEIL

## DE DOCUMENTS OFFICIELS

CONCERNANT

## L'EXPOSITION UNIVERSELLE DE LONDRES

ET

## L'EXPOSITION GÉNÉRALE DES BEAUX-ARTS

DE BRUXELLES,

PRÉCÉDÉ

D'UNE NOTICE STATISTIQUE

SUR

LES EXPOSITIONS EN BELGIQUE.

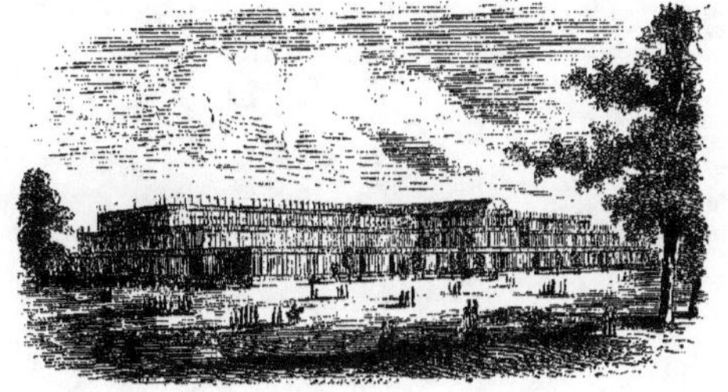

BRUXELLES.

DELEVINGNE ET CALLEWAERT,

imprimeurs-éditeurs

1852

# INTRODUCTION.

# NOTICE STATISTIQUE



## LES EXPOSITIONS EN BELGIQUE.

### 1.—EXPOSITIONS DE L'INDUSTRIE.

Le royaume des Pays-Bas était constitué depuis près de six ans lorsqu'eut lieu, à Gand, la première exposition de l'industrie nationale, dans les salles de l'hôtel de ville. L'ouverture en fut faite le 1er août 1820. Le nombre des exposants s'éleva à 560.

La seconde exposition eut lieu à Tournay en 1824. On y compta quatorze cents objets exposés par 210 fabricants. L'exposition dura quinze jours, ayant été ouverte le 12 septembre et fermée le 27 du même mois.

En 1825 eut lieu l'exposition de Harlem, où les provinces belges occupèrent une place brillante par la diversité et le nombre de leurs produits, de beaucoup supérieurs à ceux des provinces du nord.

L'exposition de 1830 effaça toutes les autres. Le nombre des exposants s'éleva à 1,020, dont 842 Belges. Les événements de la révolution ne permirent pas de décerner aux industriels les récompenses qu'ils avaient méritées.

Depuis, trois expositions nationales ont eu lieu, en 1835, 1841 et 1847.

Voici un état du nombre des exposants par province, qui prirent part à ces expositions, ainsi qu'à celle de 1830.

| PROVINCES. | NOMBRE D'EXPOSANTS. | | | |
| --- | --- | --- | --- | --- |
| | **1830.** | **1835.** | **1841.** | **1847.** |
| Anvers . . . . . . . . . | 61 | 61 | 82 | 75 |
| Brabant. . . . . . . . . | 362 | 254 | 416 | 467 |
| Flandre occidentale. . . | 95 | 95 | 153 | 131 |
| Flandre orientale . . . . | 150 | 77 | 146 | 159 |
| Hainaut. . . . . . . . . | 65 | 46 | 77 | 89 |
| Liége . . . . . . . . . . | 55 | 55 | 78 | 99 |
| Limbourg . . . . . . . | 20 | 16 | 9 | 12 |
| Luxembourg . . . . . . | 18 | 14 | 18 | 14 |
| Namur . . . . . . . . . | 18 | 27 | 36 | 46 |
| Totaux . . | 842 | 641 | 1.015 | 1,070 |

Le tableau suivant fait connaître les produits de l'industrie nationale qui figuraient à ces expositions.

| PRODUITS. | NOMBRE D'EXPOSANTS. | | | |
|---|---|---|---|---|
| | 1830. | 1835. | 1841. | 1847. |
| Acier.—Objets en acier. | » | » | » | 2 |
| Agriculture (instruments d'). | 2 | 4 | 12 | 11 |
| Anatomie (objets d') et animaux empaillés. | 7 | 2 | 5 | 4 |
| Appareils d'éclairage | » | » | » | 7 |
| Ardoises | 5 | 4 | 8 | 8 |
| Architecture (modèles d'). — Toits, tours, escaliers, etc. (voir aussi menuiserie). | » | » | » | 3 |
| Armes | 8 | 7 | 9 | 17 |
| Bijouterie (voir aussi orfévrerie). | 5 | 3 | » | 7 |
| Bimbeloterie | » | » | 6 | 4 |
| Bois.—Ouvrages tournés et sculptés, etc. | 9 | 2 | 13 | 15 |
| Bonneterie. | 11 | 9 | 9 | 8 |
| Bougies et chandelles | 6 | 8 | 8 | 6 |
| Briques (voir aussi tuiles). | 2 | 4 | » | 5 |
| Broderies | 5 | » | 4 | 9 |
| Bronzes. | 6 | 5 | 4 | 6 |
| Brosserie | 4 | 5 | 3 | 6 |
| Calligraphie | » | 2 | 5 | 5 |
| Canons (fonte de). | » | » | » | 2 |
| Caoutchouc (objets divers en). | 2 | 1 | » | 2 |
| Carrosserie. | 7 | 5 | 35 | 17 |
| Cartes à jouer. | 1 | » | 4 | 4 |
| Cartons. | 1 | » | 2 | 2 |
| Carton-pierre (ouvrages en) | 6 | » | » | 2 |
| Chapellerie. | 20 | 14 | 22 | 7 |
| Chandelles (voir bougies). | » | » | » | » |
| Chanvre (voir aussi lin). | 5 | 1 | » | 2 |
| Chaudronnerie | 12 | 2 | 8 | 13 |
| Cheveux (ouvrages en). | 1 | » | 1 | 3 |
| Chicorée | » | » | » | 1 |
| Chimie.—Produits chimiques. | 56 | 28 | 59 | 59 |
| Chirurgie (instruments de). bandages. | 10 | 8 | 6 | 7 |
| Chocolat.— Pièces montées en chocolat. | » | » | » | 1 |
| Cire (objets en) | 6 | » | 5 | 5 |
| Ciselure (voir aussi bijouterie) | » | » | » | 9 |
| Clous. chevilles, etc. | 5 | 4 | 1 | 4 |
| Colle-forte (voir aussi produits chimiques) | 6 | » | 8 | 5 |
| Cordes | 11 | 9 | 4 | 4 |
| Cordes d'instruments de musique | » | » | » | 1 |
| Cordonnerie | 19 | 14 | 25 | 20 |
| Corsets | 5 | 5 | 7 | 11 |
| Coton.— Étoffes de coton.—Cotonnettes | 99 | 79 | 85 | 44 |
| À REPORTER. | 538 | 225 | 528 | 524 |

| PRODUITS. | NOMBRE D'EXPOSANTS. | | | |
|---|---|---|---|---|
| | 1830. | 1835. | 1841. | 1847. |
| REPORT. | 558 | 225 | 528 | 524 |
| Coutellerie. | 7 | 6 | 7 | 4 |
| Crins. | 4 | 2 | 5 | 6 |
| Cristallerie. | 9 | 7 | 5 | 5 |
| Cuivre (objets divers) | 10 | 4 | 21 | 16 |
| Daguerréotype (portraits au). | » | » | » | 1 |
| Dents artificielles. | » | » | » | 5 |
| Dentelles | 27 | 28 | 29 | 48 |
| Dorures. | » | 1 | 5 | 5 |
| Draps | 55 | 9 | 14 | 11 |
| Effets d'équipement militaire. | » | 2 | » | 5 |
| Enluminures.—Imitation de vieux manuscrits | » | » | » | 1 |
| Étain (objets divers en étain). | 4 | » | » | 5 |
| Faïencerie (voir aussi porcelaine) | 4 | 5 | » | 5 |
| Fer.—Objets en fer.—Fer de fonte et fer d'affinage.—Fers à cheval.—Fils de fer. | 18 | 16 | 59 | 58 |
| Fer-blanc.—Objets divers en fer-blanc. | 5 | 15 | 14 | 2 |
| Fils,—Fils de lin.—Tissus de fil.—Fils à dentelle.—Fils de soie.—Étoffes de fil.—Fil de coton. | 55 | 5 | 25 | 46 |
| Fleurs artificielles | 6 | 6 | » | 8 |
| Ganterie | 4 | » | 5 | 5 |
| Glaces | 1 | » | 5 | 2 |
| Gravures | 6 | 7 | » | 2 |
| Grès (objets divers en). | » | » | » | 1 |
| Habillement (objets d'). | 5 | 5 | 5 | 7 |
| Horlogerie. | 18 | 15 | 15 | 10 |
| Linge de table. | 12 | 12 | 17 | 15 |
| Laine.—Étoffes et tissus de laine.—Laine filée et non filée. | 55 | 55 | 55 | 50 |
| Laiton (objets en) | 2 | 4 | » | 5 |
| Liége.—Bouchons, objets divers en bois de Liége. | » | » | » | 1 |
| Lin (voir aussi chanvre). | 6 | 16 | 5 | 4 |
| Lithographie, calligraphie. | 9 | 6 | 11 | 9 |
| Machines | 58 | 8 | 41 | 122 |
| Marbrerie | 15 | 8 | 9 | 12 |
| Mathématiques (instruments de). | 2 | » | 15 | 4 |
| Menuiserie. | 6 | 12 | 50 | 8 |
| Meubles. | 25 | 27 | 49 | 49 |
| Minéraux.—Minerais | » | » | » | 5 |
| A REPORTER. | 700 | 486 | 728 | 854 |

| PRODUITS. | NOMBRE D'EXPOSANTS. | | | |
|---|---|---|---|---|
| | 1830 | 1835. | 1841. | 1847. |
| REPORT. . . | 700 | 486 | 728 | 834 |
| Mode (objets de) . . . . . . . . . . | » | » | » | 5 |
| Musique (instruments de). . . . . . . | 25 | 1C | 29 | 29 |
| Natles . . . . . . . . . . . . . | 1 | 2 | » | 2 |
| Optique (instruments d') . . . . . . . | 7 | » | » | 1 |
| Orfévrerie (voir aussi bijouterie). . . . | 14 | 15 | 21 | 12 |
| Ornements d'église . . . . . . . . . | » | » | » | 12 |
| Outils divers, tels que : aiguilles, faux, faucilles, limes, rapes, scies, tréfileries. . . | » | 18 | 20 | 4 |
| Papeterie.—Objets divers en papier. . . . | 13 | 7 | 9 | 11 |
| Papiers peints. . . . . . . . . . | 5 | 6 | 9 | 5 |
| Parapluies. . . . . . . . . . . . | 2 | » | » | 5 |
| Parfumerie . . . . . . . . . . . | » | 2 | » | 1 |
| Parqueterie . . . . . . . . . . . | 1 | » | 2 | 1 |
| Passementerie. . . . . . . . . . . | 7 | 5 | 4 | 7 |
| Peignes en corne, de buffle, écaille et imitation d'écaille . . . . . . . . . | 9 | » | » | 1 |
| Perruques. toupets, coiffures, etc. . . . | 6 | 4 | 11 | 9 |
| Pierres. — Tranches de pierres sciées, pierres à aiguiser . . . . . . . . . . | 2 | 1 | 1 | 5 |
| Pipes. . . . . . . . . . . . . . | 5 | 1 | » | 2 |
| Pivots de manœuvre pour la cavalerie. . . | » | » | » | 1 |
| Plâtres (objets en) . . . . . . . . . | 1 | 1 | 5 | 4 |
| Plomb.—Plomb de chasse-—Objets divers en plomb. . . . . . . . . . . . . | 2 | 1 | 15 | 4 |
| Poêles . . . . . . . . . . . . . | 12 | 15 | 50 | 26 |
| Porcelaine (objets divers en). . . . . . | 1 | 9 | 25 | 10 |
| Poterie d'étain et de terre. . . . . . . | » | 5 | » | 5 |
| Précision (instruments de) (voir aussi instruments de mathématiques) . . . . . . | 1 | 7 | » | 15 |
| Reliure . . . . . . . . . . . . . | 5 | 9 | 20 | 15 |
| Sabots . . . . . . . . . . . . . | » | » | » | 1 |
| Savon . . . . . . . . . . . . . | » | » | 6 | 8 |
| Sellerie et harnacherie, etc. . . . . . . | 11 | 5 | » | 11 |
| Serrurerie . . . . . . . . . . . . | 8 | 6 | 22 | 14 |
| Soieries, rubannerie. . . . . . . . . | 29 | 50 | 12 | 15 |
| Sucre . . . . . . . . . . . . . | » | » | » | 2 |
| Tabac . . . . . . . . . . . . . | 1 | 1 | 4 | 2 |
| Tabletterie. . . . . . . . . . . . | 1 | 5 | » | 1 |
| Taillanderie . . . . . . . . . . . | » | » | 17 | 2 |
| Tannerie, y compris les pelleteries et parchemineries. . . . . . . . . . . | 51 | 24 | 55 | 55 |
| A REPORTER. . . | 896 | 675 | 1.017 | 1.107 |

| PRODUITS. | NOMBRE D'EXPOSANTS. | | | |
| --- | --- | --- | --- | --- |
| | 1830. | 1835. | 1841. | 1847. |
| REPORT. | 896 | 673 | 1,017 | 1,107 |
| Tapis | 13 | 11 | 5 | 8 |
| Tapisserie | 5 | » | 4 | 3 |
| Teinturerie. | 1 | 8 | » | 2 |
| Terre (objets en). | 7 | » | » | 4 |
| Toiles. — Étoffes de toile. — Toiles à voile. | 27 | 54 | 54 | 64 |
| Toiles cirées | 5 | 2 | 9 | 2 |
| Toiles métalliques | » | 2 | » | 2 |
| Tôle (objets en) | 1 | » | » | 5 |
| Tonnellerie | » | » | » | 6 |
| Tuiles (voir aussi briques). | » | » | » | 5 |
| Typographie | 26 | 14 | 19 | 12 |
| Vannerie | » | » | » | 5 |
| Vermicelle, grains de riz. pâte d'Italie, etc. | » | » | » | 1 |
| Verrerie. — Toiles et papiers verrés. | 4 | 1 | 12 | 4 |
| Vis à bois | 1 | 1 | » | 4 |
| Vitraux peints. | » | 5 | 6 | 2 |
| Vitrerie. | » | » | » | 5 |
| Zinc (objets en) | 1 | 4 | 4 | 8 |
| Objets divers | 36 | 21 | 44 | 8 |
| TOTAUX. | 1.023 | 774 | 1,172 | 1.249 |

On remarquera que, d'après ce tableau, le nombre d'exposants est plus
élevé que celui qui résulte du relevé par province; cette différence provient
de ce qu'un certain nombre de fabricants, par la variété de leurs produits
exposés, sont compris dans plusieurs catégories, et le même exposant figure
ainsi sous deux ou trois articles différents.

Nous croyons utile de faire connaître, en terminant, le relevé des récompenses votées par les jurys.

| NATURE DES DISTINCTIONS. | | EXPOSITIONS. | | |
| --- | --- | --- | --- | --- |
| | | 1835. | 1844. | 1847. |
| Médaille d'or. | Médailles | 28 | 42 | 34 |
| | Rappels | » | 11 | 24 |
| | Pour mémoire | » | 5 | » |
| Médaille de vermeil | Médailles | 58 | 39 | 59 |
| | Rappels | » | 10 | 8 |
| | Pour mémoire | » | 1 | » |
| Médaille d'argent | Médailles | 98 | 109 | 112 |
| | Rappels | » | 25 | 25 |
| | Pour mémoire | 11 | 5 | 1 |
| Médaille de bronze.   de 1re classe. | Médailles | 125 | 166 | 147 |
| | Rappels | » | 21 | 39 |
| | Pour mémoire | 15 | 4 | 1 |
| de 2e classe. | Médailles | 89 | 115 | 8 |
| | Rappels | » | 6 | 11 |
| | Pour mémoire | 4 | » | 1 |
| Mention honorable. | Mentions | 97 | 150 | 136 |
| | Rappels | » | 5 | 6 |
| | Pour mémoire | 21 | 12 | 4 |
| Citations pour mémoire . | | 1 | 26 | 2 |

Plusieurs industriels marquants furent, à la suite de ces expositions, décorés de l'ordre de Léopold, et à l'occasion de l'exposition de 1847, le gouvernement institua un signe de distinction, exclusivement réservé aux ouvriers et artisans qui, à une habileté reconnue, joignent une conduite irréprochable.

Indépendamment des expositions centrales qui réunirent à Bruxelles les envois des producteurs de toutes les provinces, il y a eu depuis 1850 plusieurs expositions provinciales ou simplement locales. Parmi les premières, nous citerons particulièrement l'exposition des Flandres en 1849 et celle du Hainaut en 1851.

L'exposition des Flandres fut instituée par un arrêté royal du 15 octobre 1848 et s'ouvrit à Gand le 15 octobre 1849. « Cette exposition sera spéciale-« ment consacrée, » disait le rapport adressé au roi par le ministre de l'inté-rieur, « aux industries linière et cotonnière, qui, bien qu'elles sont exercées « dans différentes parties du pays, sont essentiellement flamandes. A cette « exposition seront également conviés les produits nouveaux du tissage, « obtenus surtout dans les ateliers dont le gouvernement a encouragé la créa-« tion, afin d'acclimater dans les Flandres des branches importantes de fabri-

« cation, pour lesquelles la Belgique est aujourd'hui tributaire de l'étranger. »

L'exposition des Flandres réunit 628 exposants, dont 434 de la Flandre orientale et 194 de la Flandre occidentale.

Les récompenses se répartirent de la manière suivante :

17 médailles d'or,
26 — de vermeil,
40 — d'argent,
75 — de bronze, 1<sup>re</sup> classe,
53 — de bronze, 2<sup>e</sup> classe.

Sept décorations furent, en outre, distribuées à des exposants.

L'exposition industrielle de la province de Hainaut fut également très-remarquable. Elle s'ouvrit le 7 septembre 1851, à Mons; 455 exposants y prirent part. Il n'y eut point de distribution de récompenses par catégories, mais on remit une médaille commémorative aux industriels qui s'étaient le plus distingués. Quelques décorations de l'ordre de Léopold furent également décernées à cette occasion.

## 2.—EXPOSITIONS DES PRODUITS DE L'AGRICULTURE ET DE L'HORTICULTURE.

La première exposition nationale des produits de l'agriculture a été instituée en 1847, à l'occasion des journées anniversaires de Septembre.

Un arrêté ministériel en date du 2 septembre 1847 a confié la direction de cette exposition à la Société royale linnéenne d'Agriculture de Bruxelles. Elle a eu lieu au palais de la rue Ducale. L'exposition comprenait : les céréales et autres produits agricoles, les produits de l'économie rurale, les fruits, les légumes, les plantes rares, les fleurs et les instruments d'agriculture et de jardinage. Un jury, composé de cinquante-deux membres et nommé par le ministre de l'intérieur, a été chargé d'apprécier les produits exposés et de faire des propositions pour la distribution des récompenses.

Celles-ci consistaient en médailles d'or, de vermeil, d'argent et de bronze.

La distribution a eu lieu le 16 décembre 1847. Il a été remis en cette circonstance 239 médailles, savoir :

12 en or,

56 en vermeil,

60 en argent,

111 en bronze.

Il a été en outre accordé sept décorations de l'ordre de Léopold, dont six de chevaliers et une d'officier.

L'exposition de l'année 1847 n'a servi en quelque sorte que d'introduction à l'institution définitive des solennités de ce genre.

Un arrêté royal, en date du 20 janvier 1848, a décrété que tous les cinq ans, à dater de 1848, il sera ouvert à Bruxelles, à l'époque des fêtes anniversaires de Septembre, une exposition publique des produits de l'agriculture, de l'horticulture et des industries qui s'y rattachent directement.

Les animaux domestiques y sont compris.

La direction des expositions agricoles est confiée au conseil supérieur d'agriculture, auquel il peut être adjoint pour cet objet des commissaires spéciaux nommés par le roi.

Le conseil est chargé de la réception, du placement, de la surveillance et du renvoi des objets, de la publication des catalogues et de la comptabilité.

Dans chaque district agricole, il est institué un *comice permanent* qui, d'après le mode prescrit par le ministre de l'intérieur, surveille l'exécution des dispositions relatives aux expositions, réunit les renseignements nécessaires au jury et prend les mesures les plus propres à faire participer le district aux améliorations agricoles, en vue desquelles les expositions sont fondées.

Dans les districts agricoles où il existe une société d'agriculture, agréée par le gouvernement, les attributions du comice peuvent être exercées par cette société.

Un jury, nommé par le roi, juge les produits exposés, et désigne, dans un rapport qu'il adresse au ministre de l'intérieur, les personnes qui ont mérité des récompenses à l'occasion des expositions.

Un arrêté royal du 1er mars 1848 porte en outre que le signe de distinction institué par l'arrêté royal du 7 novembre 1847, en faveur des ouvriers et des artisans, pourra être accordé à toutes les personnes qui, s'appliquant à un titre quelconque aux travaux matériels de l'agriculture, de l'horticulture et des industries agricoles, joindront à une habileté reconnue une conduite irréprochable.

Les preuves d'habileté sont exclusivement constatées à l'occasion des expositions agricoles par le jury, chargé de l'appréciation des produits.

Le nombre de distinctions ou de décorations à distribuer est limité pour les travailleurs agricoles à cinq cents de première classe en or, et à douze cents de deuxième classe, en argent.

En vertu de l'arrêté royal du 20 janvier 1848, dont nous venons de rappeler les principales dispositions, le ministre de l'intérieur a, par un arrêté daté du 2 mars 1848, réglé toutes les mesures relatives aux expositions.

Les objets qui peuvent y être admis sont divisés en trois sections :

La première comprend tous les produits agricoles et de l'économie rurale, les engrais, les instruments agricoles et les objets d'art se rattachant à l'agriculture.

La deuxième section comprend les chevaux, les bestiaux, tous les animaux de basse-cour et la volaille. Enfin la troisième section comprend les fruits, les légumes, les plantes et les fleurs, ainsi que les instruments de jardinage et les objets d'art et d'industrie se rattachant à l'horticulture.

L'exposition étant exclusivement destinée aux produits cultivés, fabriqués ou élevés en Belgique, l'origine de ces produits doit être déterminée de la manière indiquée ci-après.

Cette disposition ne s'applique pas aux instruments aratoires d'origine étrangère qui ne se fabriquent pas dans le pays, à certaines catégories d'animaux domestiques et aux plantes rares.

Les objets destinés à l'exposition doivent être inscrits au secrétariat de la commune qu'habite l'exposant, sur des listes qui sont remises avant le 5 août aux délégués des comices agricoles. Ceux-ci, après avoir vérifié l'origine des produits et l'exactitude des déclarations, transmettent les registres avant le 1er septembre au président du comice.

Le comice procède avant le 12 septembre à un triage des objets dignes de figurer à l'exposition. Ce triage ne s'applique pas à certains produits qui pourraient se détériorer, tels que le beurre, les légumes, les fruits, etc., ni à d'autres, tels que les instruments, les objets d'art, etc.

Le comice indique sur les listes d'inscription les objets qu'il a admis ou refusés, et transmet ces listes au conseil supérieur d'agriculture avant le 16 septembre, ainsi que tous les objets destinés à l'exposition, à l'exception des bestiaux et des produits qu'il n'a pas été appelé à examiner.

Ces derniers objets sont envoyés directement au conseil supérieur du 10 au 25 septembre, selon la nature des produits.

Le bétail doit être rendu au local de l'exposition le 25 septembre, avant huit heures du matin.

Le jury chargé d'apprécier les produits et de proposer les récompenses, est divisé en trois sections.

Chaque section choisit un président, un vice-président et un secrétaire-rapporteur. Elles peuvent se diviser en comités.

L'exposant qui est convaincu d'avoir voulu s'approprier frauduleusement une distinction à laquelle il n'a pas droit, est mis hors de concours et exclu à l'avenir des expositions.

Les propositions du jury sont, autant que possible, soumises au ministre de l'intérieur, avant l'ouverture des salons. Des écriteaux, placés à côté des produits, indiquent les distinctions obtenues par les exposants.

Les distinctions consistent en médailles d'or, de vermeil, d'argent et de bronze.

Des primes en argent sont en outre allouées aux vainqueurs des concours ouverts pour les animaux domestiques.

A l'arrêté ministériel du 2 mars 1848 est joint un programme détaillé, qui indique le nombre et la valeur des récompenses attachées à chaque espèce de produits.

Ce programme comprend :

> Pour la 1re section, 111 concours.
> Pour la 2e       »       45       »
> Pour la 3e       »       131       »

Des arrêtés royaux en date des 15, 20 et 22 septembre 1848 ont nommé les membres des jurys de chaque section.

Ils sont au nombre :

> De 25 pour la 1re section.
> De 15       »       2e       »
> De 17       »       3e       »

La première exposition quinquennale d'agriculture a été ouverte par le roi le 25 septembre 1848.

Le nombre des objets ou lots exposés a été de :

2,822 dans la 1re section.
527 dans la 2e      »
821 dans la 3e      »

Voici la proportion dans laquelle les différentes provinces du royaume ont pris part à l'exposition, avec l'indication des distinctions obtenues :

## PREMIÈRE SECTION.

### Produits agricoles.

| Noms des provinces. | Nombre d'exposants. | Nombre de concours auxquels ils ont pris part. | Nombre de distinctions obtenues. |
|---|---|---|---|
| Anvers . . . . . . . . | 104 | 246 | 33 |
| Brabant. . . . . . . | 163 | 425 | 50 |
| Flandre occidentale. . | 342 | 707 | 102 |
| Flandre orientale. . . | 123 | 263 | 25 |
| Hainaut. . . . . . . | 120 | 274 | 26 |
| Liége . . . . . . . . . | 72 | 171 | 42 |
| Limbourg. . . . . . | 53 | 118 | 24 |
| Luxembourg . . . . . | 27 | 158 | 30 |
| Namur . . . . . . . . | 80 | 207 | 26 |
| TOTAUX . . . | 1,084 | 2,569 | 358 |

D'après ce relevé, les provinces sont classées dans l'ordre suivant, eu égard :

| **A.** | **B.** | **C.** |
|---|---|---|
| Au nombre d'exposants. | Au nombre de concours. | Au nombre de distinctions. |
| 1 Flandre occidentale. | 1 Flandre occidentale. | 1 Flandre occidentale. |
| 2 Brabant. | 2 Brabant. | 2 Brabant. |
| 3 Flandre orientale. | 3 Hainaut. | 3 Liége. |
| 4 Hainaut. | 4 Flandre orientale. | 4 Anvers. |
| 5 Anvers. | 5 Anvers. | 5 Luxembourg. |
| 6 Namur. | 6 Namur. | 6 Namur et Hainaut. |
| 7 Liége. | 7 Liége. | 7 Flandre orientale. |
| 8 Limbourg. | 8 Luxembourg. | 8 Limbourg. |
| 9 Luxembourg. | 9 Limbourg. | |

La province de la Flandre occidentale doit donc être citée en première ligne pour le nombre de produits que ses habitants ont envoyés à l'exposition et pour le nombre de distinctions qu'ils ont obtenues. La province de Brabant vient immédiatement après.

## DEUXIÈME SECTION.

### Animaux domestiques.

| Noms des provinces. | Nombre d'exposants. | Nombre de concours auxquels ils ont pris part. | Nombre de distinctions obtenues. |
|---|---|---|---|
| Anvers . . . . . . . . . | 8 | 11 | 4 |
| Brabant . . . . . . . . | 108 | 165 | 45 |
| Flandre occidentale . . | 109 | 140 | 27 |
| Flandre orientale. . . . | 18 | 23 | 6 |
| Hainaut . . . . . . . . | 33 | 37 | 10 |
| Liége. . . . . . . . . . | 24 | 34 | 3 |
| Limbourg . . . . . . . | 8 | 8 | 2 |
| Luxembourg . . . . . . | 9 | 10 | 3 |
| Namur . . . . . . . . . | 5 | 5 | 5 |
| TOTAUX. . . | 322 | 430 | 105 |

Classement des provinces eu égard :

| Au nombre d'exposants. | Au nombre de concours. | Au nombre de distinctions. |
|---|---|---|
| 1 Flandre occidentale. | 1 Brabant. | 1 Brabant. |
| 2 Brabant. | 2 Flandre occidentale. | 2 Flandre occidentale. |
| 3 Hainaut. | 3 Hainaut. | 3 Hainaut. |
| 4 Liége. | 4 Liége. | 4 Flandre orientale. |
| 5 Flandre orientale. | 5 Flandre orientale. | 5 Namur. |
| 6 Luxembourg. | 6 Anvers. | 6 Anvers. |
| 7 Limbourg et Anvers. | 7 Luxembourg. | 7 Liége et Luxembourg. |
| 8 Namur. | 8 Limbourg. | 8 Limbourg. |
| | 9 Namur. | |

Pour cette section, la province de Brabant l'emporte sur la Flandre occidentale par le nombre de produits exposés et de distinctions obtenues.

## TROISIÈME SECTION.

### Fruits. — Légumes. — Fleurs.

| Noms des provinces. | Nombre d'exposants. | Nombre de concours auxquels ils ont pris part. | Nombre de distinctions obtenues. |
|---|---|---|---|
| Anvers . . . . . . . . . | 44 | 98 | 33 |
| Brabant . . . . . . . . | 104 | 290 | 120 |
| Flandre occidentale . . | 34 | 75 | 7 |
| Flandre orientale. . . . | 45 | 150 | 56 |
| Hainaut . . . . . . . . | 28 | 59 | 12 |
| Liége. . . . . . . . . | 25 | 68 | 23 |
| Limbourg . . . . . . . | 9 | 19 | 4 |
| Luxembourg. . . . . . | 9 | 28 | 9 |
| Namur . . . . . . . . . | 8 | 15 | 4 |
| TOTAUX. . . | 306 | 802 | 268 |

Classement des provinces eu égard :

| Au nombre d'exposants. | Au nombre de concours. | Au nombre de distinctions. |
|---|---|---|
| 1 Brabant. | 1 Brabant. | 1 Brabant. |
| 2 Flandre orientale. | 2 Flandre orientale. | 2 Flandre orientale. |
| 3 Anvers. | 3 Anvers. | 3 Anvers. |
| 4 Flandre occidentale. | 4 Liége | 4 Liége. |
| 5 Hainaut. | 5 Flandre occidentale. | 5 Hainaut. |
| 6 Liége. | 6 Hainaut. | 6 Luxembourg. |
| 7 Limbourg et Luxem-bourg. | 7 Luxembourg. | 7 Flandre occidentale. |
| 8 Namur. | 8 Limbourg. | 8 Namur et Luxem-bourg. |
|  | 9 Namur. |  |

C'est encore la province de Brabant qui, pour la troisième section, doit être citée en première ligne ; la Flandre orientale la suit immédiatement.

En résumant les tableaux ci-dessus, pour les trois sections du programme, on obtient le résultat suivant :

| Noms des provinces. | Nombre d'exposants. | Nombre de concours auxquels ils ont pris part. | Nombre de distinctions. |
|---|---|---|---|
| Anvers | 153 | 355 | 70 |
| Brabant | 375 | 880 | 245 |
| Flandre occidentale | 485 | 992 | 136 |
| Flandre orientale | 186 | 436 | 87 |
| Hainaut | 181 | 370 | 47 |
| Liége | 124 | 270 | 68 |
| Limbourg | 70 | 145 | 30 |
| Luxembourg | 45 | 196 | 42 |
| Namur | 93 | 227 | 35 |
| TOTAUX | 1,709 | 3,871 | 730 |

Classement des provinces pour l'ensemble de l'exposition, eu égard :

| Au nombre d'exposants. | Au nombre de concours. | Au nombre de distinctions. |
|---|---|---|
| 1 Flandre occidentale. | 1 Flandre occidentale. | 1 Brabant. |
| 2 Brabant. | 2 Brabant. | 2 Flandre occidentale. |
| 3 Flandre orientale. | 3 Flandre orientale. | 3 Flandre orientale. |
| 4 Hainaut. | 4 Hainaut. | 4 Anvers. |
| 5 Anvers. | 5 Anvers. | 5 Liége. |
| 6 Liége. | 6 Liége. | 6 Hainaut. |
| 7 Namur. | 7 Namur. | 7 Luxembourg. |
| 8 Limbourg. | 8 Luxembourg. | 8 Namur. |
| 9 Luxembourg. | 9 Limbourg. | 9 Limbourg. |

La Flandre occidentale a donc fourni le plus d'exposants, mais la province de Brabant remporte le plus grand nombre de distinctions; vient ensuite la province de la Flandre orientale.

En décomposant les chiffres ci-dessus, pour rechercher les districts agricoles qui, dans chaque province, ont envoyé le plus grand nombre de produits et obtenu le plus de distinctions, on arrive au résultat suivant :

| Noms des provinces. | Numéro du district, agricole. | Nombre d'exposants. | Nombre de concours. | Nombre de distinctions obtenues. |
|---|---|---|---|---|
| Anvers. . . . . . . . . . . | 5e | 57 | 121 | 38 |
| Brabant . . . . . . . . . . | 1er | 86 | 169 | 64 |
|  | 2e | 87 | 267 | 59 |
|  | 7e | 53 | 109 | 28 |
| Flandre occidentale . . . . | 1er | 60 | 99 | 16 |
|  | 2e | 133 | 326 | 43 |
|  | 6e | 55 | 93 | 12 |
|  | 7e | 45 | 62 | 14 |
| Flandre orientale. . . . . . | 1er | 26 | 113 | 51 |
| Hainaut . . . . . . . . . . | 1er | 27 | 58 | 6 |
| Liége. . . . . . . . . . . | 6e | 22 | 79 | 8 |
| Limbourg . . . . . . . . . | 4e | 38 | 58 | 8 |
| Luxembourg . . . . . . . | 1er | 13 | 49 | 13 |
| Namur. . . . . . . . . . . | 1er | 29 | 65 | 16 |

Le 17 décembre 1848 a eu lieu la distribution solennelle des récompenses décernées à l'occasion de l'exposition ; ont été remises à cette occasion :

> 22 médailles d'or,
> 128   »    de vermeil,
> 217   »    d'argent,
> 200   »    de bronze.

La décoration de deuxième classe a été décernée à deux cent dix-huit travailleurs agricoles répartis de la manière suivante :

|  | Hommes. | Femmes. | Total. |
|---|---|---|---|
| Province d'Anvers. . . . . . . | 23 | 2 | 25 |
| — de Brabant. . . . . . . | 42 | 1 | 43 |
| — de Flandre occidentale. | 34 | 1 | 35 |
| — de Flandre orientale. . | 21 | 1 | 22 |
| — de Hainaut. . . . . . . | 18 | » | 18 |
| — de Liége. . . . . . . . | 26 | 1 | 27 |
| — de Limbourg. . . . . . | 14 | 1 | 15 |
| — de Luxembourg . . . . | 15 | 2 | 17 |
| — de Namur . . . . . . . | 16 | 2 | 18 |

Le roi a en outre remis lui-même une décoration d'officier et quatorze décorations de chevaliers de son ordre.

### 3.—EXPOSITIONS DES BEAUX-ARTS.

Avant 1830, des expositions locales avaient lieu successivement à Anvers, Bruxelles et Gand. Un arrêté royal du 13 avril 1817 en avait posé le principe. Cet arrêté décida qu'il serait décerné un ou plusieurs prix pour la meilleure ou les meilleures productions des beaux-arts, dues à des artistes vivants et regnicoles. Une exposition générale devait avoir lieu tous les ans dans l'une des grandes villes du royaume. Un autre arrêté royal du 25 mars 1827 affecta une somme annuelle de 20,000 florins à l'achat d'objets d'art ayant figuré dans ces expositions.

Après la révolution, un arrêté royal du 20 janvier 1833 décréta l'ouverture, au 15 septembre 1833, d'une exposition publique d'objets d'art, à Bruxelles. Enfin, un arrêté royal du 7 janvier 1835 décida qu'une exposition triennale d'ouvrages de peinture, gravure, sculpture, architecture et lithographie des artistes vivants, belges et étrangers, aurait lieu à Bruxelles, et deux autres arrêtés, du 16 juin et du 14 juillet 1848, décrétèrent une nouvelle organisation pour l'exposition de 1848.

Voici quelles sont les principales dispositions de cette dernière organisation.

L'exposition nationale est ouverte aux productions des artistes vivants, belges et étrangers. Elle commence le 15 août et est fermée le premier jeudi d'octobre.

La direction de l'exposition est confiée à une commission composée de sept membres, nommés par le roi sur la proposition du ministre de l'intérieur. Il lui est attaché un secrétaire-agent comptable. La commission directrice est chargée de la réception, du placement, de la surveillance et du renvoi des objets admis à l'exposition, des publications et catalogues, et de la police des salons. Les objets envoyés à l'exposition doivent être adressés à la commission directrice de l'exposition nationale des objets d'art, à Bruxelles, jusqu'au 51 juillet à minuit : aucune considération ne peut faire admettre d'ouvrage après cette époque. Nul objet ne peut être retiré avant la clôture. Il est institué deux jurys, qui sont chargés, le premier de l'admission et du placement des objets d'art, le second des propositions pour les médailles, encouragements et achats. Le jury d'admission et de placement est composé de neuf membres, savoir : quatre peintres, dont au moins deux peintres d'histoire, deux sculpteurs, un architecte, un graveur, un dessinateur. Tout artiste belge ou domicilié en Belgique, qui envoie des œuvres à l'exposition, peut prendre part à la convocation de ce jury. Le jury des récompenses est composé de sept membres, nommés par voie d'élection, par les artistes admis à l'exposition. Le gouvernement se réserve de porter le nombre des jurés à onze, par l'adjonction de quatre membres à nommer directement par lui.

Le jury d'admission est chargé de l'examen des objets d'art présentés à l'exposition; il admet ceux qu'il juge dignes d'y figurer. Il ne reçoit que des tableaux, statues, bas-reliefs, dessins, gravures, ciselures et lithographies; il refuse toute copie, tout tableau, dessin ou lithographie sans cadre, ainsi que tout objet qui aurait déjà paru dans une exposition publique à Bruxelles. Le jury d'admission est dissous de plein droit le jour de l'ouverture de l'exposition.

Le jury des récompenses est chargé d'adresser au gouvernement des propositions pour les achats, les médailles et les encouragements pécuniaires. Il dresse aussi une liste des objets qu'il convient d'acquérir au moyen des ressources que peut produire la souscription à organiser pour l'achat et le partage, par la voie du sort, d'objets figurant à l'exposition. Il établit un *maximum* de prix. La commission directrice conclut les achats en raison du montant des souscriptions. Il est décerné des médailles de vermeil et des médailles d'or aux artistes qui ont mérité cette récompense honorifique : la médaille de vermeil est décernée aux artistes qui ont fait preuve d'un talent distingué; la médaille d'or est exclusivement réservée aux artistes qui, par la supériorité incontestable de leur talent, ont mérité une distinction extraordinaire. La médaille d'or n'est décernée qu'une fois au même artiste pour des objets rentrant dans une même division des beaux-arts. la médaille de vermeil ne peut plus être offerte à l'artiste qui a obtenu la médaille d'or, dans quelque genre que ce soit; il n'est plus décerné de médaille à l'artiste qui, en cette qualité, a obtenu la décoration de l'ordre de Léopold. — Il peut être accordé des encouragements pécuniaires de 200 à 1,000 francs aux artistes belges qui, sans mériter de récompense honorifique, ont fait preuve de talent et de progrès soutenus.

Le jury des récompenses transmet ses propositions au ministre de l'intérieur, avant le 15 septembre. La proclamation des achats, des récompenses et des encouragements a lieu publiquement pendant les fêtes de Septembre.

Indépendamment des expositions nationales et triennales, il y a des expositions de tableaux et d'objet d'art plus ou moins fréquentes dans plusieurs villes, telles qu'Anvers, Bruxelles, Gand, Liége, Bruges, Malines, etc. Ces expositions sont instituées soit par les Académies, soit par des associations particulières qui ont pour but l'encouragement des beaux-arts.

Depuis 1830, six expositions ont eu lieu à Bruxelles.

Le salon de 1833 a réuni 482 ouvrages, savoir :

| | |
|---|---:|
| Tableaux | 409 |
| Miniatures | 16 |
| Gravures | 11 |
| Sculptures | 16 |
| Ciselures | 5 |
| Cadres de médailles | 3 |
| Dessins et lithographies | 22 |
| Total | 482 |

Sur ce nombre, 72 tableaux et gravures ont été exposés par des artistes étrangers ou domiciliés à l'étranger, et 410 objets d'art par 195 artistes nationaux.

Le salon de 1836 a réuni 610 ouvrages d'artistes nationaux et étrangers, savoir :

| | |
|---|---:|
| Tableaux | 451 |
| Miniatures | 15 |
| Gravures | 12 |
| Sculptures | 45 |
| Cadres de médailles | 4 |
| Dessins et lithographies | 83 |
| Total | 610 |

Le salon de 1839 comptait 815 ouvrages envoyés par 594 exposants. Ces ouvrages étaient répartis de la manière indiquée ci-après :

| | | |
|---|---|---:|
| Tableaux | | 506 |
| Sculptures | Marbres | 19 |
| | Plâtres | 45 |
| | Bronzes | 6 |
| | Bas-reliefs | 2 |

|                               |      |
| ----------------------------- | ---- |
| Médailles                     | 31   |
| Dessins                       | 59   |
| Miniatures                    | 31   |
| Dessins d'architecture        | 15   |
| Gravures                      | 40   |
| Lithographies                 | 51   |
| Daguerréotypes                | 5    |
| Peinture sur verre            | 5    |
| TOTAL                         | 813  |

Voici quelle a été, dans ces chiffres, la part des écoles étrangères :

L'Allemagne a donné 6 artistes et 11 tableaux ;

L'Angleterre — 2 artistes, 3 tableaux et 3 plâtres ;

La France — 58 artistes, 70 tableaux, 8 objets de sculpture, 18 dessins, 7 gravures, 6 miniatures et 2 daguerréotypes ;

La Hollande — 17 artistes et 27 tableaux ;

Rome — 1 artiste et 2 tableaux.

Le salon de 1842 offrait 919 ouvrages exposés par 443 artistes, savoir :

|                          |            |      |
| ------------------------ | ---------- | ---- |
| Tableaux                 |            | 602  |
| Sculptures.              | Marbres    | 31   |
|                          | Plâtres    | 47   |
|                          | Bronzes    | 7    |
|                          | Médailles  | 62   |
| Miniatures               |            | 58   |
| Dessins                  |            | 56   |
| Id.   (architecture)     |            | 8    |
| Gravures                 |            | 28   |
| Lithographies            |            | 40   |
|                          | TOTAL      | 919  |

Les écoles étrangères ont une part dans ces chiffres :

L'Allemagne y figure pour 12 artistes et 16 tableaux ;

La France — 62 artistes, 92 tableaux, 9 objets de sculpture, dont 1 marbre, 1 plâtre, 7 bronzes, 1 médaille, 14 miniatures, 9 dessins, 9 gravures ;

La Hollande — 17 artistes, 25 tableaux, 2 dessins, dont 1 d'architecture ;

L'Italie — 7 artistes, 11 tableaux et 1 marbre.

Le salon de 1845 comptait 484 artistes et 982 ouvrages, savoir :

| | | |
|---|---|---:|
| Tableaux . . . . . . . . . . . . . | | 616 |
| Sculptures. | Marbres. . . . . . . . | 28 |
| | Plâtres . . . . . . . | 47 |
| | Bronzes. . . . . . . | 2 |
| | Médailles . . . . . . | 92 |
| Miniatures . . . . . . . . . | | 15 |
| Dessins. . . . . . . . . . | | 73 |
| Gravures . . . . . . . . . | | 45 |
| Lithographies . . . . . . . | | 29 |
| Architecture (dessins d'). . . . . . | | 5 |
| Gravures sur bois. . . . . . . . | | 29 |
| Vitraux peints !. . . . . . . . | | 2 |
| Ciselures . . . . . . . . . | | 1 |
| | TOTAL. . . | 982 |

Les écoles étrangères comprenaient 101 artistes, savoir :

| | |
|---|---:|
| L'Allemagne . . . . . . . . . . | 10 |
| L'Angleterre. . . . . . . . . | 5 |
| La France. . . . . . . . . . | 51 |
| La Hollande . . . . . . . . . | 28 |
| L'Italie. . . . . . . . . . | 6 |
| La Suisse . . . . . . . . . . | 1 |
| TOTAL. . . | 101 |

Le salon de 1848 comptait 1,186 objets (¹), exposés par 580 artistes. Voici dans quelle proportion les différents genres ont été représentés :

| | |
|---|---:|
| Tableaux d'histoire. . . . . . . | 98 |
| Tableaux de genre et intérieurs. . . | 407 |
| Portraits . . . . . . . . . | 128 |
| Paysages et vues de ville. . . . | 204 |
| Marines . . . . . . . . . | 37 |
| Nature morte . . . . . . . | 55 |
| Aquarelles . . . . . . . . | 44 |
| Miniatures . . . . . . . . | 55 |
| Dessins . . . . . . . . . | 105 |
| Plans d'architecture . . . . . | 25 |
| Gravures au burin. . . . . . . | 46 |
| Gravures sur bois, 7 cadres et. . . | 12 planches. |

---

(1) Ce chiffre est celui qu'indique le catalogue, mais il est à remarquer que plusieurs objets sont quelquefois compris sous un même numéro du catalogue.

Lithographies . . . . . . . . . . . . 57

Sculptures. { Marbres . . . . 27 / Bronzes . . . . 10 / Plâtres. . . . . 72

Médailles , 3 cadres et. . . . . . 10 médailles

Camées. . . . . . . . . . . 16

Onyx , gravé. . . . . . . . . 1

Peinture { sur verre . . . . 11 / sur porcelaine . . . 6 / émaillée . . . . . 5

Les 580 exposants se divisent de la manière suivante, tant pour la Belgique que pour l'étranger :

| | | |
|---|---|---|
| BELGIQUE. . . . . . | Bruxelles . . . . . . . | 283 |
| | Anvers. . . . . . . | 111 |
| | Gand . . . . . . | 25 |
| | Liége . . . . . . . | 16 |
| | Louvain . . . . . . | 14 |
| | Bruges. . . . . . . | 5 |
| | Courtrai . . . . . . | 5 |
| | Namur. . . . . . | 4 |
| | Tournay . . . . . . | 4 |
| | Mons . . . . . . | 3 |
| | Ath. . . . . . . | 2 |
| | Tirlemont. . . . . | 1 |
| | Nivelles . . . . . | 1 |
| | Leuze . . . . . . | 1 |
| | Dinant. . . . . . | 1 |
| | Arlon . . . . . . | 1 |
| | Turnhout. . . . . . | 1 |
| | Lierre . . . . . . | 1 |
| | | ——— 477 |
| PAYS ÉTRANGERS. . | France . . . . . . | 75 |
| | Allemagne . . . . . | 7 |
| | Hollande . . . . . . | 15 |
| | Italie . . . . . . | 4 |
| | Suisse . . . . . . | 4 |
| | | ——— 105 |
| | TOTAL . . . . . | 580 |

L'exposition des beaux-arts de 1851, coïncidant avec l'exposition univer-selle de Londres, a été jugée devoir revêtir un caractère plus général que les expositions antérieures, en y conviant spécialement les artistes de tous les pays.

Les dispositions réglementaires adoptées pour cette exposition offrent des différences assez sensibles avec celles qui avaient été arrêtées pour l'exposition de 1848.

L'ouverture de l'exposition est restée fixée au 15 août; mais la clôture a été reculée au 31 octobre.

La commission directrice a été composée de 14 membres, nommés par le ministre de l'intérieur. Elle a pris à sa charge les frais de transport sur tout le territoire belge, tant pour l'aller que pour le retour; les colis expédiés de l'étranger devaient seulement être affranchis jusqu'à la frontière belge. Le terme pour la réception des objets a été fixé au 25 juillet. Le jury d'admission fut formé du président de la commission directrice et de 7 membres pris dans son sein et désignés par elle. Le jury de placement, nommé par tous les artistes dont les œuvres avaient été admises, comprenait 5 peintres, dont au moins 2 d'histoire, 2 sculpteurs, 1 architecte et 1 graveur. Enfin, le jury des récompenses fut composé des membres du jury de placement, auquel le gouvernement s'était réservé d'adjoindre quatre membres nommés directement par lui.

Les attributions de chaque jury restèrent les mêmes, sauf cependant que la commission directrice fut autorisée à choisir directement les objets d'art à acquérir pour la souscription.

La médaille en vermeil a été supprimée.

L'exposition de 1851 a compté 1,479 objets, exposés par 792 artistes, savoir:

| | |
|---|---:|
| Tableaux d'histoire et de genre historique. | 219 |
| Tableaux de genre | 265 |
| Portraits. | 122 |
| Paysages et animaux. | 209 |
| Intérieurs et vues de ville. | 79 |
| Marines. | 58 |
| Nature morte | 57 |
| Dessins | 66 |
| Aquarelles | 46 |
| Miniatures | 47 |
| Pastels | 50 |
| Gravures. | 88 |
| Lithographies | 23 |
| Sculptures | 102 |
| Plans et dessins d'architecture. | 18 |
| TOTAL | 1,479 |

Les artistes exposants se répartissent de la manière suivante :

| | | | |
|---|---|---|---|
| BELGIQUE. | Bruxelles | 294 | |
| | Anvers | 100 | |
| | Gand | 14 | |
| | Liége | 25 | |
| | Louvain | 11 | |
| | Bruges | 8 | |
| | Malines | 6 | |
| | Courtrai | 4 | |
| | Mons | 3 | |
| | Tournay | 2 | |
| | Ostende | 1 | |
| | Charleroy | 1 | |
| | Dinant | 1 | |
| | Arlon | 1 | |
| | Tongres | 1 | |
| | Spa | 3 | |
| | Grammont | 1 | |
| | Belœil | 1 | |
| | Gelrode | 1 | |
| | Nimy | 1 | |
| | Contich | 1 | 478 |
| PAYS ÉTRANGERS. | France | 163 | |
| | Allemagne | 62 | |
| | Hollande | 59 | |
| | Italie | 20 | |
| | Suisse | 9 | |
| | Espagne | 1 | 314 |
| | TOTAL | | 792 |

Voici quelles ont été les récompenses accordées à la suite ou à l'occasion des expositions :

En 1833, il a été décerné aux artistes exposants 28 médailles de vermeil et 4 décorations de l'ordre de Léopold.

— 1836, 5 décorations, 11 médailles d'or, 18 médailles d'argent et 49 médailles de bronze ; de plus, une somme de 6,850 francs a été répartie, à titre d'encouragement, entre 12 artistes.

— 1839, 6 décorations, 5 médailles d'or et 15 médailles de vermeil ; une somme de 7,200 francs a été répartie entre 18 artistes.

— 1842, 8 décorations, 17 médailles d'or et 15 médailles de vermeil ; des encouragements pécuniaires, s'élevant ensemble à la somme de 6,500 fr., ont été accordés à 21 artistes.

En 1845, 9 décorations, 24 médailles d'or et 44 de vermeil; une somme de 4,000 francs a été répartie entre 15 artistes.

— 1848, 4 décorations, 15 médailles d'or et 46 de vermeil; une somme de 5,000 francs a été répartie entre 20 artistes.

— 1851, 4 artistes, déjà chevaliers de l'ordre de Léopold, ont été promus au grade d'officier. Il a été décerné 19 décorations; la médaille d'or a été accordée à 54 artistes; une somme de 5,000 francs a été répartie entre 10 artistes.

Le montant des souscriptions pour les loteries de tableaux et autres objets d'art, s'est élevé :

En 1835, à . . . . . . . . . . 10,460
— 1836, » . . . . . . . . . . 25,140
— 1839, » . . . . . . . . . . 67,740
— 1842, » . . . . . . . . . . 55,150
— 1845, » . . . . . . . . . . 55,100
— 1848, » . . . . . . . . . . 44,540
— 1851, » . . . . . . . . . . 44,500

# DOCUMENTS OFFICIELS.

# I.

## EXPOSITION UNIVERSELLE DE LONDRES.

### I. — CIRCULAIRE DU MINISTRE DE L'INTÉRIEUR AUX CHAMBRES DE COMMERCE.

AVIS DE L'EXPOSITION UNIVERSELLE DE LONDRES.

Bruxelles, le 21 février 1850.

MESSIEURS,

Vous savez qu'une grande exposition de l'industrie doit s'ouvrir à Londres, dans les premiers mois de l'année prochaine, et que les produits industriels de tous les pays y seront admis (¹).

_______________

(¹) L'exposition sera divisée en quatre sections :

1° Matières brutes et produits naturels, à la création desquels l'industrie humaine a concouru ;

2° Machines à l'usage de l'agriculture, des fabriques, du génie et autres, et inventions mécaniques montrant les agents que l'intelligence humaine fait agir sur les productions de la nature ;

3° Articles manufacturés montrant les résultats obtenus par l'action de l'industrie humaine sur les productions naturelles ;

4° Sculpture, modèles, art plastique en général, montrant les progrès réalisés, sous le rapport du goût et de l'habileté dans cette branche de l'industrie humaine.

Une commission centrale a été instituée à Londres, pour organiser et diriger cette exposition. Elle a exprimé le désir que, dans tous les pays étrangers qui pourraient y avoir intérêt, l'on formât des commissions spéciales avec lesquelles elle se mettrait en rapport pour tout ce qui concerne l'admission des produits et les points principaux d'organisation.

J'ai pensé, messieurs, que, pour la Belgique, l'on atteindrait le plus convenablement le but indiqué par la commission anglaise, en formant une réunion des délégués de nos principales industries. La chambre de commerce d . . . . aura à désigner une personne qui sera spécialement au courant de . . . . . .

Veuillez, je vous prie, messieurs, me faire connaître votre choix, dans un délai aussi rapproché que possible. La commission se réunirait à Bruxelles, où ses membres devraient pouvoir se rendre chaque fois que leur présence y serait jugée utile.

Agréez, messieurs, l'assurance de ma considération très-distinguée.

*Le ministre de l'intérieur,*

**Ch. Rogier.**

## 2. — LOI QUI OUVRE AU DÉPARTEMENT DE L'INTÉRIEUR UN CRÉDIT EXTRAORDINAIRE DE 75,000 FRANCS POUR LES FRAIS RÉSULTANT DE L'EXPOSITION UNIVERSELLE DE LONDRES.

LÉOPOLD, etc.

Les chambres ont adopté et Nous sanctionnons ce qui suit :

Art. 1er. Il est ouvert au département de l'intérieur un crédit de soixante et quinze mille francs (fr. 75,000), applicable aux dépenses résultant de la participation des producteurs belges à l'exposition universelle de l'industrie, à Londres, en 1851.

Ce crédit sera prélevé sur les ressources de l'exercice 1851, et formera l'art. 66 *bis* du chap. XIV du budget du département de l'intérieur, pour ledit exercice.

Art. 2. Les industriels rembourseront les frais de transport faits par le gouvernement pour les objets dont ils trouveront le placement en Angleterre.

Les sommes à rentrer de ce chef seront versées au trésor de l'État.

Promulguons la présente loi, ordonnons qu'elle soit revêtue du sceau de l'État et publiée par la voie du *Moniteur*.

Donné à Bruxelles, le 26 février 1851.

**LÉOPOLD.**

Par le Roi :
*Le ministre de l'intérieur,*
**Ch. Rogier.**

---

## 3. — LOI QUI OUVRE UN CRÉDIT SUPPLÉMENTAIRE DE 55,000 FRANCS AU DÉPARTEMENT DE L'INTÉRIEUR POUR LES FRAIS RÉSULTANT DE L'EXPOSITION UNIVERSELLE DE LONDRES.

LÉOPOLD, etc.

Les chambres ont adopté et Nous sanctionnons ce qui suit :

Article unique. Il est ouvert au département de l'intérieur un crédit supplémentaire de cinquante-cinq mille francs (fr. 55,000), applicable aux dépenses résultant de la participation des producteurs belges à l'exposition universelle de l'industrie, à Londres.

Ce crédit sera couvert au moyen de bons du trésor, et sera ajouté à l'art. 66 *bis* du chap. XIV du budget du département de l'intérieur, de l'exercice 1851.

Promulguons la présente loi, ordonnons qu'elle soit revêtue du sceau de l'État et publiée par la voie du *Moniteur*.

Donné à Bruxelles, le 12 novembre 1851.

**LÉOPOLD.**

Par le Roi :
*Le ministre de l'intérieur,*
**Ch. Rogier.**

## 4. — CIRCULAIRE DU MINISTRE DE L'INTÉRIEUR AUX CHAMBRES DE COMMERCE.

### COMPOSITION DE LA COMMISSION BELGE.

Bruxelles, le 8 avril 1850.

MESSIEURS,

La résolution prise en Angleterre, sous le patronage du gouvernement de ce pays, d'ouvrir à Londres, en 1851, une exposition universelle de l'industrie a été accueillie en Belgique avec l'intérêt que les conceptions généreuses ne peuvent manquer d'y rencontrer. On a compris que l'industrie belge ne pouvait rester en arrière dans ce rendez-vous donné aux producteurs de toutes les nations, et qu'après avoir montré, sur son propre terrain, les ressources variées dont elle dispose et les efforts dont elle est capable, elle ne devait pas craindre d'affronter la comparaison avec l'étranger. Sans doute, cette comparaison mettra en évidence, sur plus d'un point, qu'il reste encore à notre industrie de sérieux progrès à faire, mais l'enseignement ne sera pas perdu; et lorsque, dans quelques années, à l'exposition qui doit avoir lieu à Bruxelles, le gouvernement belge, à son tour, appellera les producteurs étrangers à un grand concours, nos fabricants sauront montrer à leurs rivaux que l'expérience leur aura servi. Ainsi, d'une part, les industriels belges iront trouver à Londres des appréciateurs et former de nouvelles relations, et, d'un autre côté, ils y recevront d'utiles indications au point de vue du perfectionnement industriel.

Pressentant l'accueil qui serait fait en Belgique à cette importante mesure, et satisfaisant, d'ailleurs, aux intentions du gouvernement de S. M. Britannique, l'administration s'était occupée, dès que l'exposition lui avait été annoncée, de préparer les dispositions qu'elle pouvait rendre nécessaires pour l'industrie belge. Il lui avait paru que le soin de concerter ces dispositions pouvait être le plus convenablement remis à une commission, dans laquelle toutes les industries du pays, représentées par les chambres de commerce, auraient leurs mandataires. A cet effet, j'ai provoqué, par ma circulaire du 21 février (¹), la nomination de ces délégués, dont le nombre a dû être limité, mais dont la réunion embrasse, cependant, tous les intérêts manufacturiers du pays, et aussi les intérêts agricoles auxquels l'exposition s'adresse

---

(¹) Page 3.

également. Des fonctionnaires de l'administration ont été, en outre, attachés à la commission, à raison du but important qui lui est proposé et des questions spéciales qu'elle aura à résoudre. Vous trouverez plus loin, messieurs, les noms des membres de la commission. Elle se mettra en relation avec les chambres de commerce pour éclairer les producteurs sur les déterminations que leurs intérêts commandent, et, en général, pour tout ce qui concerne l'envoi de fabricats belges à l'exposition anglaise. Sa tâche consistera encore à soumettre au gouvernement les propositions qu'elle jugera utiles, afin que toutes les classes de producteurs retirent de l'exposition des avantages aussi larges que possible.

Le gouvernement a pris l'initiative d'une mesure dans ce sens, en décidant qu'un certain nombre d'artisans d'élite iraient visiter, aux frais du trésor, l'exposition anglaise, pour y compléter aux meilleures sources leur enseignement professionnel, et afin que, dans cette œuvre d'émulation et de progrès, les petits ateliers soient associés aux grandes manufactures.

J'ai l'honneur de vous communiquer ci-joint, messieurs, un certain nombre d'exemplaires d'une brochure renfermant les instructions arrêtées par la commission centrale anglaise, et la classification des objets qui seront admis à l'exposition.

Veuillez, je vous prie, donner à ces dispositions, ainsi qu'à la présente circulaire, la publicité utile. La commission sera installée prochainement, et vous recevrez connaissance, en temps opportun, des décisions qu'elle prendra, d'accord avec le gouvernement.

*Le ministre de l'intérieur,*
**Ch. Rogier.**

## 5.—CIRCULAIRE DU MINISTRE DE L'INTÉRIEUR AUX CHAMBRES DE COMMERCE.

DEMANDE DE PROPOSITIONS POUR L'ENVOI A L'EXPOSITION DE LONDRES D'ARTISANS ET D'OUVRIERS D'ÉLITE.

Bruxelles, le 16 mai 1851.

MESSIEURS,

Le gouvernement a annoncé l'intention de faciliter à un certain nombre d'artisans et d'ouvriers d'élite les moyens de visiter l'exposition de Londres, et cet objet est entré dans les prévisions du crédit alloué pour l'exposition.

Je viens, messieurs, après avoir pris l'avis de la commission directrice, faire un appel à votre concours pour la réalisation de cette mesure.

Si l'exposition de Londres peut offrir des leçons utiles à tous ceux qui s'occupent de travaux industriels, ses enseignements ont surtout un caractère pratique pour ceux qui dirigent en chef ou en sous-ordre la production, sauf pour quelques industries spéciales de luxe ou de goût dans lesquelles une sorte d'initiative appartient à chaque travailleur.

Mais, entre ceux-là mêmes que la visite de l'exposition peut rendre plus habiles dans leur profession, la limite du crédit oblige le gouvernement à établir une différence.

Il doit laisser le soin aux chefs d'industrie d'envoyer à leurs frais à Londres leurs contre-maîtres ou ceux de leurs principaux ouvriers auxquels ils voudraient donner cette marque d'intérêt. Toutefois, il leur viendra en aide, au moyen d'une disposition que M. le ministre des travaux publics vient de prendre pour accorder une remise de 50 p. c. sur le prix des places de 3° classe, aller et retour, aux ouvriers qui seront munis d'une attestation favorable de la commission belge pour l'exposition ou de la chambre de commerce du ressort.

Cette même réduction de prix sera concédée, de plein droit, aux ouvriers qui pourront justifier qu'ils ont obtenu la distinction spéciale instituée par l'arrêté royal du 7 novembre 1847.

C'est aux artisans proprement dits, c'est-à-dire aux petits industriels qui sont les auteurs directs de l'œuvre qui sort de leurs mains, notamment à ceux auxquels la comparaison avec les produits étrangers peut inspirer des idées nouvelles ou un goût plus relevé, que le gouvernement destine particulièrement le bénéfice de la mesure. Cependant, il ne veut pas en exclure absolument les ouvriers d'élite travaillant chez des patrons qui ne seraient pas en position de leur faire entreprendre le voyage de Londres.

Pour faire participer à la mesure le plus grand nombre possible d'artisans et d'ouvriers, le gouvernement a trouvé convenable d'établir deux classes.

A ceux qui seront rangés dans la première, il allouera les frais de voyage et une indemnité de séjour à Londres. Pour ceux qui seront placés dans la seconde, les frais de voyage seulement seront mis à la charge du budget.

Je vous prie, messieurs, si des propositions vous paraissent devoir être faites en faveur d'artisans ou d'ouvriers résidant dans votre ressort, de me les transmettre, en indiquant si c'est pour la première ou la seconde de ces catégories. Je n'ai pas besoin de vous dire que la condition de moralité importe non moins que celle d'habileté. Je statuerai immédiatement sur vos propositions, et je ferai parvenir aux intéressés, par votre intermédiaire, les directions convenables.

Le ministre de l'intérieur,<br>
Ch. Rogier.

Des rapports en ce qui concerne leur spécialité industrielle ont été demandés aux ouvriers envoyés à l'exposition de Londres aux frais de l'État.

Voici la circulaire que M. le ministre de l'intérieur a adressée à ce sujet aux chambres de commerce :

Bruxelles, le 31 octobre 1851.

Messieurs,

Le gouvernement a accordé à un certain nombre d'artisans et d'ouvriers, de diverses professions, les moyens d'aller visiter l'exposition de Londres pour y compléter leur instruction pratique et s'y initier aux progrès réalisés dans les autres pays. Il n'a pas voulu leur imposer l'obligation de lui communiquer les observations que la comparaison des produits devait leur suggérer. Toutefois, il attache du prix à connaître les appréciations de ces artisans et ouvriers, qui lui ont été signalés, comme choisis dans l'élite de leur classe, par les chambres de commerce. L'un de ces artisans m'a adressé spontanément un travail de cette nature, et l'intérêt que présente sa communication me fait désirer que son exemple soit suivi.

Je viens vous prier, messieurs, de vouloir bien inviter ceux des ouvriers et artisans résidant dans votre circonscription, auxquels le gouvernement a facilité les moyens d'aller visiter l'exposition, de vous faire parvenir, pour m'être transmis, un rapport ou une simple note de ce qu'ils ont observé, en ce qui concerne leur spécialité industrielle. La forme de cette communication importe peu ; pourvu que l'on y trouve consignés avec clarté les faits et les observations, le but sera parfaitement rempli.

Je tiendrai compte, le cas échéant, aux artisans et ouvriers auxquels vous adresserez cette invitation, de l'empressement avec lequel ils y répondront.

Agréez, messieurs, l'assurance de ma considération très-distinguée.

Le ministre de l'intérieur,<br>
Ch. Rogier.

———✦———

## 6.— COMMISSION BELGE POUR L'EXPOSITION UNIVERSELLE DE LONDRES.

---

Président, M. de Brouckere, bourgmestre de la ville de Bruxelles, membre de la chambre des représentants, président du jury de l'exposition industrielle de 1847;

Vice-président, M. Spitaels (Ferdinand), membre du sénat, délégué par la chambre de commerce de Charleroy;

Membres, MM. Bellefroid, chef de la division de l'agriculture au département de l'intérieur;

Benoît-Faber, délégué de la chambre de commerce de Namur;

Capitaine, fabricant à Liége, délégué de la chambre de commerce de cette ville;

Claes (Paul), de Lembecq, agronome;

Kindt, inspecteur pour les affaires industrielles au département de l'intérieur;

Kums, fabricant à Anvers, délégué par la chambre de commerce de cette ville;

Manilius, membre de la chambre des représentants, délégué par la chambre de commerce de Gand;

Overman, fabricant à Tournay, délégué par la chambre de commerce de cette ville;

Partoes, directeur du commerce extérieur et des consulats au département des affaires étrangères;

Quoilin, secrétaire général au département des finances;

Romberg, chef de la division de l'industrie au département de l'intérieur;

Simonis (Armand), président de la chambre de commerce de Verviers;

Van Hooff, fabricant à Saint-Nicolas, délégué par la chambre de commerce de cette ville;

Vercruyse-Bruneel (H.), fabricant à Courtray, délégué de la chambre de commerce de cette ville;

Verreyt, fabricant à Bruxelles, délégué par la chambre de commerce de cette ville.

## 7. — CIRCULAIRE DE LA COMMISSION BELGE
## AUX CHAMBRES DE COMMERCE.

Bruxelles, le 15 mai 1850.

MESSIEURS,

Nous avons l'honneur de vous informer que la commission belge pour l'exposition universelle de l'industrie, qui doit avoir lieu à Londres en 1851, s'est constituée, et qu'elle s'est occupée immédiatement des mesures à prendre afin d'encourager et de faciliter les envois de produits du pays.

La commission a obtenu du gouvernement le concours le plus large pour que les producteurs de toutes les classes pussent se faire représenter à l'exposition d'une manière aussi avantageuse que possible. Il a senti, comme elle, qu'il ne fallait rien omettre pour assurer à la Belgique la place honorable qui lui appartient dans ce vaste concours, où toutes les nations viendront montrer, à côté de leurs richesses naturelles, les conquêtes dues à leur génie inventif et à leur activité propre.

Le gouvernement a décidé que les frais d'envoi et de réexpédition des produits seraient supportés par le trésor. Cependant, les frais d'envoi devront être remboursés par les exposants qui trouveront le placement de leurs articles en Angleterre. Cette condition est de toute équité et nécessaire pour prévenir les abus.

Un agent spécial veillera, au nom de tous les exposants belges, à la réception, au placement et à la réexpédition de leurs produits.

Ainsi que vous ne l'ignorez point, messieurs, le comité directeur anglais a délégué des pouvoirs absolus, en ce qui concerne l'admission des produits, aux commissions particulières nommées dans chaque pays. Aucune expédition ne sera reçue sans leur intermédiaire. La commission belge fera connaître en temps utile le mode d'après lequel elle procédera à la tâche qui lui est dévolue sous ce rapport. Elle cherchera, dans toutes ses décisions, à donner satisfaction aux intérêts particuliers, sans perdre de vue le but élevé de l'exposition, et de manière à remplir, en ce qui la concerne, ce vœu des commissaires britanniques, que « les produits envoyés de chaque pays représentent « aussi dignement que possible l'industrie nationale. »

La commission a été informée que, dans l'espace destiné à l'exposition, l'on réserverait aux produits de la Belgique une superficie de trente mille pieds carrés, dont la moitié environ, toutefois, devra fournir à des passages et à d'autres destinations. Elle a été invitée à faire connaître, *avant le 1ᵉʳ septembre prochain*, dans quelle proportion cet espace serait utilisé par les produits belges de chacune des grandes catégories que la commission directrice a déterminées.

Afin que la commission puisse donner en temps opportun les indications qui lui ont été demandées à ce sujet, il faut que les éléments de son travail lui parviennent quelques semaines à l'avance. Elle a fixé le 10 août comme terme fatal pour la transmission des renseignements que les chambres de commerce voudront bien lui adresser, d'après les informations qu'elles auront recueillies auprès des industriels de leur ressort. Vous trouverez plus loin un modèle du bulletin qui devra renfermer les indications nécessaires et que vous aurez l'obligeance de remplir.

Nous croyons devoir faire observer que le but de la commission britannique, en demandant ces renseignements, est de pouvoir, selon l'importance et la nature des envois présumés, augmenter ou diminuer l'espace qui aura été primitivement assigné à chaque pays. Les intéressés devront donc se tenir pour avertis que, s'ils négligeaient de faire connaître, de la manière prescrite, leur intention de prendre part à l'exposition, ils renonceraient implicitement à la faculté d'y envoyer des produits. Nous n'avons pas besoin d'ajouter que l'inscription des objets destinés à l'exposition laisse intact le droit de la commission de les admettre ou de les refuser, lorsqu'elle aura à exercer plus tard cette partie de son mandat.

Nous avons l'honneur de vous adresser un certain nombre d'exemplaires d'une note renfermant, en abrégé, toutes les indications relatives à l'exposition, et que vous voudrez bien faire parvenir aux industriels du ressort de la chambre de commerce, en l'accompagnant de telles recommandations que vous jugerez utiles. Cette note contient également un modèle du bulletin spécial que doivent remplir et vous transmettre les personnes qui désirent prendre part à l'exposition.

Si des éclaircissements étaient nécessaires, l'on peut recourir au document que M. le ministre de l'intérieur vous a communiqué par circulaire du 8 avril dernier, et à la notice, concernant spécialement l'admission des produits étrangers, dont nous vous adressons des exemplaires. Nous nous mettons à votre disposition s'il se présentait des questions dont la solution restât douteuse pour vous.

Nous croyons pouvoir compter, messieurs, sur votre aide sympathique, pour que l'appel que nous faisons aux producteurs belges, par votre intermédiaire, soit partout entendu.

Nous n'ignorons pas que l'exposition universelle a été, de la part de quelques personnes, l'objet d'appréciations qui tendraient à en éloigner les industriels étrangers. On a raisonné comme si les conditions de production de chaque peuple, les ressources de son activité industrielle étaient couvertes d'une sorte de voile qu'il fallait bien se garder de lever pour des concurrents. Il suffit, cependant, d'un peu de réflexion et d'expérience des affaires pour savoir que, par suite du rapprochement des distances, de la diffusion des notions industrielles, de l'universalité des transactions, de la répétition des expositions publiques dans presque tous les pays, ce prétendu mystère n'existe plus actuellement. En Angleterre, aussi, il s'est trouvé des personnes qui, par un scrupule opposé, ont craint que la présence de tant de produits étrangers sur le sol britannique ne devint une cause de danger pour l'industrie nationale. L'une appréhension n'est pas plus fondée que l'autre.

L'exposition universelle de Londres va offrir, sur un point unique, l'image de ce qui se passe dans le monde entier; les produits disséminés sur toute la surface du globe y seront réunis dans un immense bazar; les acheteurs, venus de tous côtés, s'y rencontreront et y trouveront, en quelque sorte, une direction pour leurs opérations futures. L'exposition mérite, sous ce dernier rapport particulièrement, de fixer l'attention de notre pays. On s'est plaint que la Belgique manquait de débouchés, que ses produits n'étaient pas suffisamment connus au dehors. L'occasion va naitre de leur procurer une notoriété qu'ils ne pourraient obtenir par aucun autre moyen aussi prompt, aussi économique, ni aussi certain. Cette considération doit servir de guide dans le choix des spécimens de l'industrie belge que l'on enverra à Londres. Ce choix devra être moins dirigé sur quelques produits exceptionnels que sur les articles de consommation courante, pour lesquels la bonne qualité de la matière première, un travail patient et régulier, dont la solidité n'exclut pas d'ailleurs une belle apparence, enfin la modicité des prix, assurent la supériorité à la Belgique. Nous prenons la liberté, messieurs, de vous recommander cet objet, en vous laissant juges, au reste, d'après la spécialité des industries dont vous êtes surtout les mandataires, des points sur lesquels il conviendra de diriger de préférence l'attention des fabricants de votre ressort. Vous leur ferez également apprécier l'utilité de se conformer au vœu de la commission, en ce qui touche la désignation des prix des objets exposés.

Agréez, etc.

*Le président de la commission,*
**C. de Brouckere.**

*Le secrétaire.*
**Ed. Romberg.**

## MODÈLE DU BULLETIN A REMPLIR PAR LA CHAMBRE DE COMMERCE.

N. B. Ce bulletin doit être rempli et envoyé à la commission avant le 10 août 1850.

| Désignation de la section et de la division des produits. ( Voir les instructions générales.) | NOMS des EXPOSANTS. | SURFACE NÉCESSAIRE EN PIEDS CARRÉS. | | | HAUTEUR requise pour chaque surface. | SURFACE moyenne pour CHAQUE EXPOSANT. | OBSERVATIONS. |
|---|---|---|---|---|---|---|---|
| | | SUR LE SOL. | SUR TABLE ou COMPTOIR. | CONTRE le MUR. | | | |
| | | | | | | | |

A ce bulletin doivent être annexés les bulletins particuliers.

## 8.— INSTRUCTIONS POUR LES EXPOSANTS.

### DISPOSITIONS GÉNÉRALES.

L'exposition s'ouvrira le 1er mai 1851.

Les objets destinés à l'exposition seront reçus à Londres du 1er janvier au 1er mars 1851 inclusivement.

Il ne sera point perçu de rétribution des exposants pour le local de l'exposition.

Bien que les bâtiments de l'exposition seront construits autant que possible à l'abri du feu, cependant la commission directrice ne peut répondre d'aucun dommage, en cas de sinistre : les exposants qui voudront faire assurer leurs produits devront le faire à leurs frais.

Les exposants qui désireront que leurs produits soient étalés ensemble, lorsque, d'ailleurs, ils font partie de la même section, pourront prendre des arrangements en conséquence avec l'agrément de la commission directrice. L'autorisation de celle-ci sera aussi nécessaire pour que les exposants puissent placer à côté de leurs articles une personne chargée spécialement de la surveillance et de donner des explications aux visiteurs.

Les prix ne devront pas être marqués sur les produits. Les exposants qui auraient l'intention de faire connaître les prix des objets, comme élément d'appréciation pour les récompenses, le cas échéant, devront les mentionner d'une manière séparée dans le bulletin d'envoi.

Les spiritueux, vins et liqueurs fermentés, à moins qu'ils ne soient le produit d'une industrie nouvelle, ne pourront être admis à l'exposition, si ce n'est dans certains cas déterminés et avec certaines restrictions. Les huiles, les spiritueux, etc., devront être renfermés dans des vases ou contenants de verre, de nature à prévenir les accidents.

Seront exclus de l'exposition, sauf exception particulière, tous les produits d'une nature très-inflammable, tels que la poudre, les allumettes chimiques, etc.; les animaux vivants, les fleurs et les arbustes; et tout article dont la durée pourrait être moindre que celle de l'exposition.

---

## CLASSIFICATION DES OBJETS.

Les objets exposés seront divisés en quatre sections.

Section Iʳᵉ. — Matières brutes et produits naturels, présentant les produits sur lesquels l'industrie humaine s'exerce.

Section II. — Machines à l'usage de l'agriculture, des fabriques, etc., inventions mécaniques, démontrant les agents que l'intelligence humaine fait opérer sur les productions de la nature.

Section III. — Objets manufacturés, démontrant les résultats obtenus par l'action de l'industrie humaine sur les produits naturels.

Les dessins et modèles pour objets manufacturés seront placés dans la classe des articles auxquels ils se rapportent.

Section IV. — Sculpture, modèles, et art plastique en général, manifestant les progrès réalisés sous le rapport du goût et de l'habileté dans ces branches de l'industrie humaine.

On se tiendra généralement à cette division des objets destinés à l'exposition en quatre sections. Toutefois des articles appartenant à une section pourront être admis dans une autre, quand on le jugera nécessaire, mais seulement pour le cas de démonstration.

### SECTION Iʳᵉ. — MATIÈRES PREMIÈRES.

#### Division A. — *Règne minéral.*

Il paraît désirable que les matières premières et les produits du règne minéral soient exposés à côté les uns des autres, de manière à présenter l'origine des fabrications et les procédés employés pour les approprier aux besoins de la vie ou aux conceptions de l'art. L'exposition ferait ainsi juger tout à la fois des modes d'extraction et de préparation appliqués aux substances naturelles, et des procédés de main-d'œuvre qui les convertissent en objets d'utilité ou d'agrément.

Les articles exposés devront remplir au moins une de ces conditions : perfection, nouveauté, économie, résultat de l'application de nouveaux procédés.

DIVISION B. — Règne végétal.

Les produits appartenant à ce règne, que l'on attache le plus de prix à réunir, sont ceux qui, par leur nouveauté ou par l'intérêt pratique qu'ils présentent, paraîtront les plus propres à mériter l'attention du public. Tels sont des échantillons de qualités supérieures des matières d'un usage commun, de substances jouissant de propriétés semblables et de différente origine, par exemple l'arrow-root, le sagou, etc.; des matières tinctoriales accompagnées d'objets faisant voir leur emploi; des bois d'ébénisterie à l'état brut, polis ou manufacturés; toutes sortes de produits applicables à la fabrication des tissus, des cordages, de la vannerie, du papier, etc.

Il ne pourra d'ailleurs être admis à l'exposition que des articles susceptibles de se conserver pendant plusieurs mois.

DIVISION C. — Règne animal.

Les divers degrés de préparation trouveront à se classer auprès des matières premières. Quelques articles d'un travail achevé s'y joindront pour montrer le dernier résultat de l'art.

Comme on l'a dit plus haut, il ne sera admis que des produits susceptibles d'une conservation de plusieurs mois.

SECTION II. — MACHINES ET MÉCANIQUES.
DIVISION A. — Machines pour les emplois usuels.

Ces machines seront montrées en mouvement, autant que possible, quand il sera nécessaire, et il convient que les dispositions soient prises en conséquence.

DIVISION B. — Machines pour les manufactures.

Bien que, dans l'exposition de ce genre de produits, il soit convenable de séparer les objets manufacturés des machines servant à la manufacture, ces dernières, afin d'être mieux comprises, devront être accompagnées d'échantillons des articles qu'elles produisent, présentant les divers degrés de fabrication.

La collection complète des outils et des machines servant à fabriquer un article d'un usage général, comme, par exemple, une montre, un bouton, une aiguille, accompagnée de modèles de leurs produits sous les formes successives qu'ils revêtent, est d'un intérêt qui fait désirer que l'exposition en compte plusieurs séries.

*N. B.* De la vapeur, à la tension des deux atmosphères au plus, sera fournie gratuitement aux exposants qui désireraient que leurs machines ou appareils fussent mis en activité pendant l'exposition. Pour les appareils spéciaux, exigeant une machine à vapeur motrice, les exposants devront procurer et faire monter à leurs frais cette machine. Toutefois, en ce qui concerne les appareils réclamant une force au-dessous de celle d'un cheval, ils pourront être réunis sur le même point et mis en activité par une des machines à vapeur exposées.

### SECTION III. — OBJETS MANUFACTURÉS.

Les objets appartenant à cette catégorie devront être finis, prêts à servir, et remplir au moins une des conditions suivantes :

1° Supériorité au point de vue de l'utilité, soit dans la teinture, la forme ou la disposition des articles;

2° Supériorité au point de vue de la main-d'œuvre, comme dans l'imprimerie, la ciselure;

3° Nouvel emploi de matières connues;

4° Emploi de nouvelles matières;

5° Nouvelles combinaisons de matières, comme dans la métallurgie, la poterie;

6° Beauté des formes et des couleurs associée à l'utilité;

7° Bon marché associé au mérite intrinsèque.

### SECTION IV. — SCULPTURE, MODÈLES ARTISTIQUES ET ART PLASTIQUE.

Les objets, quelle qu'en soit la matière, qui, en raison de l'habileté et du goût qu'ils décèlent, rentrent dans la catégorie des beaux-arts, pourront être classés dans cette section.

Les ouvrages exposés seront dus à des artistes vivants.

Les peintures à l'huile et à l'aquarelle ne pourront être admises que comme démonstration ou représentation de procédés et de matières. Les portraits en buste seront exclus.

*N. B.* Les producteurs qui désireront avoir des explications plus amples pour les objets qui peuvent être admis dans chaque section, voudront bien s'adresser aux chambres de commerce ou aux commissions provinciales d'agriculture.

## RÉCOMPENSES AUX EXPOSANTS.

Les prix consisteront en médailles de bronze. Il y aura trois classes de ces médailles.

Des récompenses pécuniaires pourront, en outre, être décernées.

Dans la section des *matières premières*, on tiendra surtout compte, pour les récompenses, de la valeur et de l'importance de l'article, ainsi qué de sa supériorité relative; si les produits sont des objets préparés, on s'attachera particulièrement à leur nouveauté, à leur importance et à l'habileté dont témoigne le procédé de préparation.

En ce qui concerne les *machines*, les prix seront décernés d'après la nouveauté de l'invention, la supériorité de l'exécution, et aussi d'après l'augmentation de force productrice et l'économie qui doivent résulter de l'emploi de l'agent mécanique. L'importance des objets auxquels cet agent peut être appliqué sera également prise en considération, ainsi que la somme des difficultés que l'exposant a dû surmonter.

Dans la section des *articles manufacturés*, on distinguera particulièrement ceux qui rempliront, au plus haut degré, les conditions reprises ci-dessus (supériorité au point de vue de l'utilité, de la main-d'œuvre, de l'emploi de matières connues, etc., etc.).

En ce qui regarde la *sculpture, les modèles artistiques*, etc., l'on se dirigera, pour les récompenses, d'après la beauté et la nouveauté des objets, d'après les améliorations introduites dans les moyens de production, d'après le mérite de l'application de l'art à l'industrie; pour les modèles artistiques, on aura égard à l'intérêt attaché au sujet reproduit.

Le jury sera formé, par moitié, d'Anglais et d'étrangers.

## DISPOSITIONS RELATIVES A L'ADMISSION DES PRODUITS ÉTRANGERS.

Aucun produit étranger ne sera admis à l'exposition qu'avec l'assentiment de l'*autorité centrale* ou *commission* du pays de l'exposant.

La commission directrice anglaise n'entrera pas en communication avec des personnes privées; si des particuliers s'adressaient à elle, elle ne pourrait que les renvoyer à la commission spéciale du pays auquel ils appartiennent.

Tous les produits destinés à l'exposition seront d'abord admis en franchise de droits; si l'on n'en dispose pas en Angleterre, ils seront délivrés pour être réexportés libres de tout droit; si l'on en disposait en Angleterre, le droit auquel ils sont soumis devrait être payé avant qu'ils fussent retirés du local de l'exposition ; mais ils ne pourront être enlevés, en aucun cas, avant la clôture définitive de l'exposition.

Afin de s'assurer que les colis sont arrivés à l'exposition sans avoir été ouverts ni visités, il y sera apposé, au port de débarquement, le sceau officiel du bureau de douane, qui offrira ainsi une garantie aux intéressés et au fisc.

Après que les colis auront été convenablement déposés dans le local destiné à l'exposition, ils seront ouverts et visités en présence du propriétaire ou de son agent, et ils resteront, dès ce moment, sous la garde de la commission directrice, qui seule aura le droit d'en permettre le déplacement.

Tous les produits envoyés en Angleterre resteront déposés dans les bureaux de la douane, jusqu'à ce qu'ils soient réclamés par un agent de l'expéditeur, qui devra établir le droit qu'il a de les faire transporter à l'exposition, en produisant le connaissement et le certificat délivré à l'exposant par la commission particulière de chaque pays, et constatant que ces produits sont destinés à l'exposition.

## DISPOSITIONS SPÉCIALES A LA BELGIQUE.

Les producteurs belges qui désireront prendre part à l'exposition universelle de Londres devront le faire connaître, *avant le 20 juillet* 1850, à la chambre de commerce, à la commission d'agriculture, ou à la députation permanente, pour les provinces où ce corps tient lieu de chambre de commerce. Ils voudront bien détacher, à cet effet, le bulletin ci-joint qu'ils enverront après y avoir consigné les indications demandées. Ces indications peuvent n'être qu'approximatives.

Toute personne qui aurait négligé de faire cette communication en temps utile perdrait le droit d'envoyer des objets à l'exposition.

Aucun envoi de produits belges ne sera admis à l'exposition si ce n'est avec l'autorisation préalable et régulière de la commission belge.

La commission fera connaître ultérieurement la manière dont elle procédera à l'examen et à la réception des objets présentés pour l'exposition.

Ces objets devront se trouver en état de pouvoir être examinés et expédiés, le 15 décembre 1850, au plus tard.

Les objets admis pour l'exposition, par la commission belge, seront envoyés à Londres et réexpédiés en Belgique sans frais pour les exposants, mais à leurs risques et périls.

Cependant, cet avantage est subordonné aux conditions qui suivent :

1° Les exposants devront se conformer, en tout, pour l'expédition, aux règles et aux instructions prescrites par la commission. La moindre infraction à l'une de ces règles leur ferait perdre tout droit au transport gratuit des objets ;

2° Les exposants devront, au moment de la remise du permis d'envoi, signer l'engagement régulier de rembourser les frais qui auront été acquittés pour eux ou qu'ils n'auront pas eu à supporter, pour tous les objets dont ils trouveront le placement en Angleterre.

L'assurance maritime et l'assurance des objets exposés resteront à la charge des producteurs qui trouveraient convenable de faire assurer leurs articles.

Tous frais extraordinaires de garde, ainsi que de montage et de démonstration des machines, etc., seront également pour le compte des exposants.

Il y aura à Londres un agent spécial qui veillera, au nom de tous les exposants belges, à la réception, au placement et à la réexpédition de leurs produits.

Toutes les facilités seront accordées, à la douane belge, pour la sortie et la réimportation des objets.

La commission belge n'a point à s'immiscer dans les résolutions des producteurs nationaux qui préparent des envois pour l'exposition. Toutefois, elle juge convenable de leur soumettre quelques considérations par lesquelles ils feront bien de se laisser guider, et qu'elle prendra d'ailleurs, elle-même, comme direction, lorsqu'elle aura à statuer sur l'admission des produits.

L'exposition universelle va offrir à l'industrie manufacturière et à certaines branches de l'industrie agricole une occasion solennelle et, en quelque sorte, unique de faire connaître et apprécier leur état de développement et de perfection. L'esprit d'émulation nationale et l'intérêt particulier doivent engager les producteurs de toutes les classes à ne pas reculer devant cette épreuve, lorsque, d'ailleurs, ils ont la conscience de pouvoir la supporter honorablement, par le mérite des objets sortis de leur usine ou de leur atelier. Tout produit, quelle que soit son importance relative dans l'échelle des articles de consommation, peut tenir sa place à ce grand concours des œuvres de l'activité humaine. Mais on comprendra que chaque nation doit avoir à cœur, surtout, de s'y faire représenter par les principaux objets qui portent le cachet de son génie individuel et de sa supériorité, ou bien par ceux qui s'adressent à de larges catégories de consommateurs. Aussi, sans vouloir procéder dans un esprit d'exclusion, la commission n'admettra que d'une manière exceptionnelle les produits manquant de caractère sérieux, et moins faits pour amener des transactions de quelque importance que pour procurer une vaine satisfaction d'amour-propre à leur auteur. Elle suivra cette marche, non-seulement pour ne pas laisser dénaturer, en ce qui la concerne, le caractère de l'exposition, mais encore afin d'éviter pour le trésor des frais inutiles, et de donner la meilleure destination à l'espace limité qui sera affecté, dans les locaux de l'exposition, aux produits belges. Par des motifs analogues, les producteurs comprendront que chaque envoi particulier devra être borné à ce qui paraîtra nécessaire pour faire connaître et juger les diverses catégories d'un produit ou ses différentes applications.

Comme il est dit plus haut, les prix ne devront pas être marqués sur les objets exposés. Cependant, ainsi qu'on l'a dit également, il peut être avantageux de faire connaître séparément ces prix, comme moyen d'appréciation pour les récompenses à décerner. Une autre considération engage, d'ailleurs, la commission à insister pour que le prix des objets exposés soit porté à sa connaissance, surtout lorsqu'il forme un des éléments de supériorité et de succès du produit. Elle a le dessein de centraliser toutes les indications qui lui parviendront à cet égard dans les mains d'un agent spécial à Londres, en donnant à cette mesure la plus grande publicité, de manière que les visiteurs de l'exposition pourront avec toute facilité obtenir des renseignements sur les conditions de vente des produits belges.

## MODÈLE DU BULLETIN A REMPLIR PAR LA PERSONNE QUI DÉSIRE EXPOSER.

N. B. Ce bulletin doit être rempli et envoyé avant le 20 juillet 1850.

| NOMS. | ADRESSE. | ESPÈCES DE PRODUITS. | SURFACE NÉCESSAIRE EN PIEDS CARRÉS (¹). | | | HAUTEUR moyenne des produits. | OBSERV. |
|---|---|---|---|---|---|---|---|
| | | | sur le sol. | sur table ou comptoir. | contre le mur. | | |
| | | | | | | | |

(¹) Les divisions ci-dessous se rapportent aux différentes manières d'exposer les produits, selon leur nature et leur forme.

## 9. — CIRCULAIRE DU MINISTRE DE L'INTÉRIEUR AUX GOUVERNEURS.

### INSTRUCTION CONCERNANT LES PRODUITS AGRICOLES.

Bruxelles, le 25 avril 1850.

MONSIEUR LE GOUVERNEUR.

J'ai eu l'honneur de vous transmettre des instructions concernant l'exposition universelle des produits de l'industrie, qui doit s'ouvrir à Londres le 1er mai 1851, en vous priant de les communiquer aux chambres de commerce de votre province. Je crois devoir vous rappeler que cette exposition n'est pas seulement destinée aux produits industriels, et que certains produits agricoles, dont vous trouverez ci-joint l'indication, y seront aussi admis. Je vous prie, monsieur le gouverneur, d'appeler sur ce point l'attention de la commission d'agriculture, des comices et des associations agricoles de votre province, en les invitant à donner à cet égard tous les renseignements nécessaires aux cultivateurs de leur circonscription respective.

L'agriculture belge, qui a longtemps servi de modèle aux cultivateurs de l'Europe entière, trouvera dans l'exposition anglaise une occasion favorable pour montrer qu'elle n'a perdu aucune des qualités qui lui ont assuré son renom : appelée par la situation heureuse du pays et par les lois libérales qui régissent le commerce des denrées alimentaires en Angleterre et en Belgique à prendre une large part à l'approvisionnement du marché anglais, le plus important de l'Europe, elle pourra y faire mieux apprécier ses produits variés et arriver ainsi à étendre encore les relations fructueuses qu'elle entretient avec la Grande-Bretagne.

*Le ministre de l'intérieur,*
**Ch. Rogier.**

---

PRODUITS SE RATTACHANT A L'AGRICULTURE , QUI SERONT ADMIS A L'EXPOSITION DE LONDRES.

---

**Règne végétal.**

1.

*Substances* principalement employées comme *nourriture*, ou pour la préparation des aliments.

I. Produits agricoles.
- Céréales.
- Légumes.
- Graines oléagineuses, etc.

II. Fruits secs et semences.

III. Substances employées pour la préparation des boissons.

IV. Épiceries et objets d'assaisonnement.

V. Amidons.

VI. Sucres.

VII. Liqueurs fermentées et spiritueux distillés d'invention nouvelle (*from unusual sources*)

2.
*Matières* principa-
lement employées dans
les arts chimiques ou
en médecine.

VIII. Gommes.

IX. Résineux. . . . { Résines et baumes.
Gommes-résines.
Gomme élastique, caoutc.

X. Huiles . . . { Huiles volatiles.
— grasses siccatives.
— — non siccat.
— solides.
Cire.

3.
*Matières* principa-
lement employées dans
les arts chimiques ou
en médecine.

XI. Acides.
XII. Teintures et couleurs.
XIII. Substances tannantes.
XIV. Poisons.
XV. Substances médicales.
XVI. Substances filamenteuses, matières pour cor-
dages et vêtements.

4.
*Matériaux* pour
bâtiments, habille-
ments, etc.

XVII. Substances cellulaires filamenteuses.
XVIII. Bois de construction et de fantaisie pour édi-
fices et ornements, et préparés pour la teinture, etc.

5.
*Substances* diverses.

XIX. Substances diverses non énumérées ailleurs.

## Règne animal.

*Substances* em-
ployées comme nour-
riture.

Presque toutes les parties des diverses espèces d'animaux servant de nourriture à l'une ou à l'autre classe
de la race humaine. Préparations d'aliments comme
échantillons de produits industriels, comprenant : des
spécimens de mets conservés pour de longs voyages ;
soupes portatives ; conserves ; lait consolidé et gélatine sèche.

(a.) *Pour les tissus et les vêtements.*
Laine, poils, tresses de cheveux (*hair bands*), etc.,
soies.
Soie de ver à soie (*bombyx mori*) et d'autres espèces
de l'Inde, par exemple *Bombycilla Cynthia* et *Allœus
Paphia.*
Plumes, duvet, fourrure.
Peaux tannées et non tannées, cuirs.

*Substances* em-
ployées pour la fabri-
cation.

(b.) *Pour l'usage domestique ou l'ornementation,
ou pour des objets accessoires.*
Os, corne, sabot, chagrin, parchemin, vélin, plumes.
Huiles, suif, cire, saindoux.
Gomme de ver à soie.
Eponge, baudruche, corde à boyau, vessie.
(c.) *Comme agents dans la fabrication de divers
articles.*
Glu, colle de poisson, gélatine.
Noir d'os, noir d'ivoire, charbon animal.
(d.) *Pour la production de substances chimiques.*
Os, etc., (pour phosphore, ammoniaque, cyanide,
etc., etc.)

*Mécanique agricole.*
{ *Instruments de labourage,* tels que charrues, charrues pour la surface du sol, charrues pour pénétrer dans le sol ; herses, herses de Norwége, houe ou hoyau, sarcloir ou scarificateur ; semoir pour graines, semoir pour navets, semoir hydraulique, machine pour engrais solide, machine pour engrais liquide, plantoir de semences mû par un cheval, rouleau, pressoir, houe mue par un cheval, charrette à un cheval.
*Ustensiles de métairie.* — Machine à battre le blé, machine à nettoyer le blé, hâche-paille, machine à couper les légumes, machine pour broyer les tourteaux, machine pour broyer le blé, machine à vapeur mobile ; machine à faire des tuiles ; instruments de drainage.
*Instruments de jardinage.* }

## 10. — DISPOSITIONS RELATIVES AU JURY INTERNATIONAL DE L'EXPOSITION DE LONDRES.

### CONDITIONS GÉNÉRALES.

1. Il y aura un jury pour chacune des trente classes dans lesquelles l'exposition est partagée.

2. Le nombre des jurés dans chaque jury sera déterminé par le nombre d'objets exposés dans chaque classe, et par rapport au plus ou moins de diversité des sujets y compris.

Des considérations pratiques ont seules fixé le nombre des jurés dans chaque jury, et les chiffres affectés à chaque classe n'impliquent aucune idée abstraite de leur importance relative.

3. La liste suivante contient le détail distinct des jurys et le nombre des jurés que chacun comporte :

MATIÈRES BRUTES NON TRAVAILLÉES.

|  | Nombre des jurés. |
|---|---|
| 1° Mines, carrières, opérations métallurgiques. | 8 |
| 2° Procédés chimiques, pharmaceutiques et produits généraux. | 8 |
| 3° Substances alimentaires. | 6 |
| 4° Substances végétales et animales généralement usitées dans les manufactures comme agents ou ornements. | 8 |

### MACHINES.

5° Machines pour un usage direct, comprenant la voiture, les chemins de fer et le mécanisme maritime . . . . . . . .  12

6° Machines et outils manufacturiers. . . . . . . . .  12

7° Génie civil, agriculture et construction . . . . . . .  8

8° Architecture maritime, génie militaire, artillerie, armure et équipements militaires. . . . . . . . . . . . . .  8

9° Machines et outils pour l'agriculture, l'horticulture . . . .  *

* Il y a une exception pour ce jury. Les membres de la commission d'agriculture, composée de membres éminents de la Société royale d'agriculture, remplissent les fonctions du jury. Les étrangers peuvent être admis à faire partie de cette commission, s'ils le désirent.

10° Instruments de physique avec les procédés que leur usage entraîne ; instruments de musique, d'horlogerie et de chirurgie. . .  12

### MANUFACTURES.

11° Coton . . . . . . . . . . . . . . . . . .  10

12° Laine brute et laine filée . . . . . . . . . . . .  12

13° Soie et velours . . . . . . . . . . . . . . .  10

14° Produits manufacturés de lin et de chanvre . . . . . .  10

15° Fabrications mélangées, comprenant les châles, mais excluant les produits chimiques (classe 12) . . . . . . . . . .  12

16° Cuir, comprenant la sellerie, les harnais, les peaux, fourrures, plumes et cheveux . . . . . . . . . . . . . . .  10

17° Papeterie, imprimerie et reliure. . . . . . . . . .  8

18° Produits filés, tissés, feutrés, tramés, pris comme échantillons d'impression ou de teinture . . . . . . . . . . . .  10

19° Tapisseries, comprenant les tapis, toiles cirées, dentelles et broderies, ouvrages industriels et de fantaisie. . . . . . .  10

20° Objets de vêtements pour un usage immédiat, personnel ou domestique . . . . . . . . . . . . . . . . .  8

21° Coutellerie et instruments tranchants . . . . . . . .  6

22° Taillanderie, quincaillerie et serrurerie. . . . . . . .  12

23° Travail des matières précieuses et leur imitation : la bijouterie et tous les articles de luxe non compris dans les autres classes. . .  8

24° Verrerie . . . . . . . . . . . . . . . . .  8

25° Produits céramiques, porcelaine, poterie, etc. . . . . . . 8

26° Mobilier d'ornement et de décoration, papiers peints et meubles de papier nacré et de laque . . . . . . . . . . . 12

27° Substances minérales dont on se sert dans la construction et l'ornementation, telles que marbre, ardoise, porphyre, ciments, pierres artificielles . . . . . . . . . . . . . . . 6

28° Substances animales ou végétales, non tramées ni tissées, et non comprises dans les autres sections. . . . . . . . . . 6

29° Et autres petits produits . . . . . . . . . . . . . 10

### Beaux-Arts.

30° Sculpture, modèles et art plastique. . . . . . . . . 12

270

4. Une liste des objets classés dans le département de chaque jury forme la limite de chaque classe.

5. Dans la salle de l'exposition, les objets sont arrangés autant que possible dans les trente classes, de manière à coïncider avec le champ d'action de chaque jury et faciliter ses travaux.

6. Si des exposants acceptent le rôle de jurés, ils cessent de concourir pour les prix de la classe dans laquelle ils sont nommés, et ils ne peuvent ni être donnés à eux personnellement, ni aux établissements dans lesquels ils sont associés.

7. Les jurés pourront appeler et désigner les experts quand la majorité du jury le jugera convenable. Les jurés d'une autre classe peuvent être aussi appelés en qualité d'experts par un jury, quand il s'agira de connaissances comprises dans cette classe.

8. Les jurys peuvent se subdiviser, dans des circonstances de détail, en comités partiels, mais nulle récompense ne peut être accordée autrement que par la majorité du jury.

9. Avant de publier la liste des prix accordés, le jury doit soumettre sa décision à un conseil composé des trente présidents de tous les jurys, pour assurer son uniformité d'action.

10. Les décisions d'un jury, après avoir été soumises au conseil des présidents, sont définitives et sans appel.

11. Les jurys commenceront leurs fonctions le lundi, 12 mai, à dix heures, et seront aidés dans la partie générale de leurs occupations par une personne

nommée par les commissaires royaux. Cette personne sera présente, par elle-même ou par un mandataire approuvé par la commission, aux délibérations des jurys pour expliquer la manière de procéder adoptée par la commission. Ce délégué de la commission n'aura pas voix délibérative au sein des jurys, et ne pourra influer en aucune façon sur l'adjudication des récompenses.

## COMPOSITION DES JURYS.

12. Le jury se composera en général d'un nombre égal de sujets britanniques et étrangers.

13. Si les commissions étrangères n'envoient pas un assez grand nombre d'étrangers pour former la moitié des jurés de chaque classe, le déficit pourra être comblé par la nomination d'Anglais.

14. Les districts de la province et de la métropole seront également représentés par le jury.

15. Chaque jury sera dirigé par un président nommé par les commissaires royaux et assisté d'un vice-président élu par le jury.

16. Les jurys peuvent nommer un des leurs pour rapporteur.

## CONSEIL DES PRÉSIDENTS.

17. Les présidents des trente jurys formeront un corps appelé *conseil des présidents*.

18. En cas d'absence d'un président, le vice-président prendra son fauteuil au conseil.

19. Le conseil des présidents sera composé, autant que possible, moitié d'Anglais, moitié d'étrangers.

20. Le premier acte du conseil des présidents sera de faire des règlements pour guider les jurys.

21. Le conseil des présidents aura aussi à décider dans quel cas les 1$^{re}$, 2$^o$ et 3$^o$ médailles seront respectivement accordées; et à définir les principes généraux auxquels il faudra se conformer pour faire donner les prix dans les différents départements de l'exposition. C'est le désir de la commission que les médailles soient accordées aux produits possédant une supériorité décidée de quelque nature qu'elle soit, et non pas seulement par égard à une concurrence individuelle.

Les trois classes de médailles servent à désigner les différents caractères des sujets, et non pas comme les premier, second et troisième degrés pour la même classe de sujets.

22. Le conseil des présidents doit s'assurer si les décisions de chaque jury individuel sont conformes aux règlements avant de les regarder comme décisives.

23. Bien que les commissaires puissent être disposés, par suite de circonstances particulières indiquées dans les susdites décisions, à prendre en considération la convenance de dons pécuniaires pour certaines expositions individuelles, ils ne le feront que d'après la recommandation de plusieurs jurys et la sanction du conseil des présidents.

24. Comme quelques-unes des décisions les plus importantes du conseil des présidents doivent précéder l'action des jurys, il est nécessaire que ce conseil se réunisse huit jours avant eux. Le conseil entrera donc en fonctions le lundi 5 mai.

25. Afin d'être à même de communiquer ses désirs et expliquer ses règlements, la commission nommera un de ses membres pour assister aux séances du conseil et l'aider dans ses affaires; mais ce délégué n'aura pas voix délibérative, et ne pourra agir comme membre du conseil.

## MANIÈRE DE NOMMER LES JURYS ANGLAIS.

26. Les villes dont les envois à l'exposition sont considérables dans une des classes seront invitées à envoyer une liste des noms des personnes qui pourront les représenter efficacement dans tel ou tel jury.

27. Il sera nécessaire d'indiquer, selon le classement du jury, les subdivisions de la classe dans lesquelles la personne recommandée est la plus versée; et toutes ces nominations doivent être faites par classes et non pas pour l'ensemble.

28. Comme il faudra nécessairement réduire les listes au nombre indiqué pour chaque jury, la commission se charge de ce soin.

29. Les personnes qui auront été recommandées comme jurés, mais qui, d'après le petit nombre reçu, n'y auraient pas trouvé place, pourront, sur la demande du jury, être appelées, dans des circonstances spéciales, à donner leur concours, sous le titre d'*associés*, mais sans avoir voix délibérative.

## RÉUNION DES JURYS.

30. Les jurés, une fois nommés, en seront prévenus et leurs noms publiés.

31. Les présidents seront priés de se réunir le lundi 5 mai 1851, à dix heures.

32. Les jurés se réuniront le lundi 12 mai, à dix heures.

33. Quoiqu'il soit maintenant impossible de fixer certains jours où les

jurys, seuls, seront admis à examiner les objets exposés, à l'exclusion du public, on prendra des arrangements pour faire ces examens avec le moins d'inconvénients et de dérangements qu'il sera possible.

54. Les jurés, aussitôt leur arrivée à Londres, sont priés de s'inscrire au *juries office* (office des jurés), bâtiment de l'exposition, où on leur délivrera leur carte de juré, et où il leur sera donné d'autres détails nécessaires.

## 11. — COMPOSITION DU JURY INTERNATIONAL.

LE MINISTRE DE L'INTÉRIEUR,

Considérant qu'il est d'un grand intérêt pour l'industrie belge de faire recueillir des renseignements exacts sur l'état des industries étrangères représentées à l'exposition de Londres;

Vu la décision de la commission royale d'Angleterre, par laquelle onze jurés ont été attribués à la Belgique dans la formation du jury international des récompenses;

Considérant l'utilité d'étendre, au delà de ce nombre, celui des délégués, afin que l'examen puisse porter, autant que possible, sur toutes les catégories de produits;

Vu les désignations de délégués spéciaux, faites par le département de la guerre et par le département des travaux publics;

M. le président de la commission belge pour l'exposition de Londres entendu;

Arrête :

Art. 1er. Sont nommés membres du jury international des récompenses de l'exposition de Londres :

M. Van de Weyer, envoyé extraordinaire et ministre plénipotentiaire de S. M. le roi des Belges;

M. Spitaels (Ferd.), membre du sénat, vice-président de la chambre de commerce de Charleroy;

M. Grenier Lefèvre, membre du sénat, président de la chambre de commerce de Gand;

M. Lesoinne, membre de la chambre des représentants, fabricant;

M. de Rossius-Orban, fabricant, vice-président de la chambre de commerce de Liége;

M. Frison (Jules), fabricant, membre de la chambre de commerce de Charleroy;

M. Coppens, architecte, à Bruxelles;

M. Gernaert (J. M.), ingénieur en chef au corps des mines;

M. Simonis (Armand), fabricant, président de la chambre de commerce de Verviers ;

M. Van Hoegarden (C.), fabricant, membre de la chambre de commerce de Bruxelles;

M. Washer, fabricant, à Bruxelles (¹).

Art. 2. Sont nommés délégués, chargés de concourir aux travaux des jurés et de suppléer au besoin ceux-ci :

M. Claes, de Lembecq, agronome ;

M. Demanet, colonel du génie ;

M. Chandelon, professeur de chimie à l'université de Liége :

M. Kindt (Jules), inspecteur pour les affaires industrielles au département de l'intérieur ;

M. le baron Mertens d'Ostin, agronome (²);

M. Poncelet, ingénieur en chef au chemin de fer ;

M. le baron Wittert, général d'artillerie (³).

Art. 3. La présidence des jurés et délégués belges est déférée à M. Van de Weyer.

Bruxelles, le 16 avril 1851

**Ch. Rogier.**

---

(¹) Par arrêté ministériel du 12 mai, M. Quetelet, secrétaire perpétuel de l'Académie royale des sciences, lettres et beaux-arts, a été nommé membre du jury international.

(²) M. le baron Mertens a été appelé à remplir les fonctions de juré effectif.

(³) M. Wittert, empêché pour cause d'indisposition, a été remplacé par M. le major Micheels, sous-inspecteur de la manufacture d'armes de guerre, à Liége.

## 12.— LISTE ALPHABÉTIQUE DES INDUSTRIELS BELGES QUI ONT ENVOYÉ LEURS PRODUITS A L'EXPOSITION UNIVERSELLE DE LONDRES.

Aerts, *Anvers*. Pianos.

Amand, *Ermeton-sur-Biert*. Fer battu.

Ameye, *Gand*. Toiles.

Anchiaux, *Lokeren*. Chapeaux.

Ancion et Cᵉ, *Liége*. Armes.

Atelier de Notre-Dame, *Bruxelles*. Dentelles.

Atelier de Saint-Joseph, *Verviers*. Dentelles.

Avanzo, *Liége*. Lithographies.

Bauchau de Baré, *Namur*. Cuirs.

Beck et fils, *Courtrai*. Dentelles et toiles.

Beernaert, *Bruxelles*. Sculptures.

Beernaert et Decuypere, *Courtrai*. Dentelles.

Beheyt, *Rumbeke*. Céréales.

Belloni, *Bruxelles*. Passementeries.

Bemand, *Courtrai*. Parchemin.

Bennert et Bivort, *Jumet*. Verres à vitres.

Benoit-Faber, *Marche-les-Dames*. Minerai de fer et ustensiles de cuisine.

Berckmans, *Blaesveld*. Charrue.

Berden et Cᵉ, *Bruxelles*. Pianos.

Berenharts, *Anvers*. Dentelles.

Berger (Mᵐᵉ), *Bruxelles*. Corsets.

Bernimolin frères, *Liége*. Fusils.

Bertani, *Bruxelles*. Ébénisterie.

Berthelot et Bonte, *Courtrai*. Fils de lin.

Bihet, *Huy*. Colle-forte.

Billard, *Menin*. Tabacs.

Biolley et fils, *Verviers*. Draps.

Bissé, *Anderlecht*. Oléine, huile.

Blyckaerts, *Tirlemont*. Fécule.

Bocken, *Liége*. Amidon.

Bongaerts, *Anvers*. Sacs sans coutures.

Boone, *Alost*. Cuirs.

Bortier, *Adinkerke*. Engrais

Bosteels, *Zele*. Toiles.

Boucher, *Baudour*. Cornue en terre réfractaire, briques, etc.

Bousson-Devlieger, *Bruges*. Dentelles.

Bouvy, *Liége*. Cuirs.

Brasseur, *Gand*. Céruse.

Brenta, *Anvers*. Oiseaux empaillés.

Briard, *Ixelles*. Impressions.

Brichaut, *Schaerbeek*. Bronzes.

Briers, *Anvers*. Colle-forte.

Brodier-Christiaens, *Bruxelles*. Cristaux.

Brovellio, *Menin*. Tabacs.

Browne, *Bruxelles*. Sphère.

Bruno, *Spa*. Ouvrages dits de Spa.

Cabu-Fevrier, *Namur*. Bottes.

Canfyn, *Renaix*. Siamoises.

Cappellemans aîné et Cᵉ, *Bruxelles*. Produits chimiques.

Cappellemans aîné, *Bruxelles*. Cristaux et soies de porcs pour brosses.

Cappellemans aîné et Daboust, *Bruxelles*. Porcelaines.

Capronnier, *Bruxelles*. Vitraux col.

Casterman et fils, *Tournay*. OEuvres typographiques.

Catteaux frères, *Bruxelles*. Étoffes pour pantalon.

Catteaux-Gauquié, *Courtrai*. Étoffes pour pantalon.

Champagne, *Donstiennes*. Mécanique.

Chaudoir, *Liége*. Tubes en laiton.

Claes, *Lembecq*. Semoir.

Claude, *Bruxelles*. Huile.

Claus et Caron, *Gand*. Sucre.

Clavareau frères, *Dinant*. Couques.

Colders, *Anvers*. Enduit.

Colette, *Bertrix*. Pierres et ardoises.

Colfs, *Anvers*. Ébénisterie.

Colle, *Lootenhulle*. Céréales.

Commission administrative de l'exploitation communale, *Marchin*. Pierre poudingue, creuset.

Goosemans, *Kessel-Loo*. Céréales.

Cornelis, *Zele*. Toiles.
Cooreman, *Rebecq-Rognon*. Fils à dent.
Coste, *Tilleur*. Creuset en terre réfract.
Couvert et Lucas, *Bruxelles*. Parqueterie.
Cumont, *Alost*. Fils.
Danneau, *Neufvilles*. Cylindres.
Darche, *Bruxelles*. Instr. de musique.
Dartevelle et **Mounoury**, *Bruxelles*. Dentelles.
Daveluy-d'Elhoungne, *Bruges*. Lithographies.
David et Deboe, *Anvers*. Lin tillé.
De Bast, *Gand*. Calicots.
De Bavay, *Bruxelles*. Clouterie.
Debbaudt, *Courtrai*. Huiles.
Debbaudt frères, *Courtrai*. Céruse.
Debeaune, *Anvers*. Machine.
De Behault, *Termonde*. Coton et laine.
De Blauwe, *Courtrai*. Dentelles.
De Brabandere, *Courtrai*. Toiles.
De Chimay (Prince), *Chimay*. Fers.
Decock-Wattrelot et **Baudouin**, *Roulers*. Toiles.
De Coninck, *Gand*. Soie.
De Cuyper, *Anvers*. Sculptures.
De Cuyper, *Saint-Nicolas*. Cotonnettes.
De Ferrare, *Wierde*. Terre plastique.
Deffaux, *Bruxelles*. Pianos.
Defrenne (M<sup>me</sup>), *Bruxelles*. Dentelles.
De Fuisseaux, *Baudour*. Porcelaines.
Degraeve, *Gheluwe*. Lin tillé.
Degryse, *Poperinghe*. Céréales.
D'Haese, *Zele*. Lin roui.
De Hennault, *Fontaine-l'Évêque*. Instruments de précision.
De Hansez, *Theux*. Minerais de fer.
Deheselle, *Thimister*. Flanelles.
Deheunheuse, *Ayc*. Céréales.
D'Hollander, *Moerzeke*. Céréales.
D'Hont, *Roulers*. Soie.
De Hoousse, *Liége*. Armes.
D'Huard (Baron), *Villermont*. Céréales.
De Jonghe, *Bruges*. Incrustations.
De Ketelaere, *Bruges*. Sabots.
De Keyn frères, *Saint-Josse-ten-Noode*. Parquets.

De Latour, *Schaerbeek*. Buste en fonte.
Delbaere, *Poperinghe*. Céréales.
Delehaye, *Bruxelles*. Dentelles.
Delloye-Matthieu, *Huy*. Tôles en fer.
Delstanche, *Marbais*. Inst. aratoires.
Delstanche et Leroy, *Molenbeek-Saint-Jean*. Bougies.
Deman, *Saint-Josse-ten-Noode*. Carrosserie.
Demanet, *Ixelles*. Machines.
Demanet, *Saint-Josse-ten-Noode*. Ében.
De Mathelin, *Messancy*. Céréales.
Demeulenaere, *Moorslede*. Fils.
De Mevius, *Forest*. Soie.
De Mulder, *Poesele*. Céréales.
Demyttenaere, *Mouscron*. Tissus de laine et coton.
Oenis, *Saint-Léger*. Charrues.
Depauw, *Gand*. Modèle de pont.
Depotter, *Audenaerde*. Soie.
Dequidt, *Poperinghe*. Houblon.
De Raedt, *Anvers*. Ébénisterie.
De Rosée (Baron), *Moulins*. Chaudronnerie.
Deruelle-Delevoye, *Gand*. Bibliothèque à pupitre.
Deroubaix, *Courtrai*. Coutils et toiles.
De Saint-Hubert, *Bouvignes*. Meules.
Desmanet de Biesme (Vicomte), *Golzinne*. Marbre.
Desmedt (V<sup>e</sup>), *Sweveghem*. Mousselines.
De Smedt, *Alost*. Toiles.
Desmedt et C<sup>e</sup>, *Zele*. Lin tillé.
Dethier, *Theux*. Marbre.
Deville, *Liége*. Dessins sur verres.
Devis, *Bruxelles*. Papiers peints.
Deweweirne, *Gand*. Imp. sur étoffes.
Dierckx, *Anvers*. Cristaux.
Dietens, *Bruxelles*. Impressions sur étoffes.
Dobbelaere, *Gand*. Toiles.
Docquier et Parys, *St-Josse-ten-Noode*. Produits chimiques.
D'Omalius, *Anthisne*. Charrues.
Dommer, *Alost*. Toiles.
Doret, *Verviers*. Draps.

**Dosin**, *Hermalle-sous-Argenteau*. Vannerie.

**Doutrewe**, *Liége*. Fusils.

**Drion**, *Gosselies*. Clous.

**Dubois et C<sup>e</sup>**, *Verviers*. Draps.

**Duchastel** (Comte Ferd.), *Grimberghe*. Dessins.

**Duchene**, *Assche-en-Rifail*. Instruments aratoires.

**Dufour**, *Neufvilles*. Charrue.

**Duhayon-Brunfaut et C<sup>e</sup>**, *Bruxelles et Ypres*. Dentelles.

**Du Jardin**, *Courtrai*. Toiles.

**Du Jardin**, *Mouscron*. Tissus laine et coton.

**Du Jardin-Lammens**, *Bruxelles*. Tapisseries.

**Dupierry fils**, *Vielsalm*. Pierres à aiguis.

**Dusauchoit**, *Gand*. Pelleteries.

**Dussaert**, *Bruxelles*. Carton pierre.

**Eliaert-Cools**, *Alost*. Fils.

**Eloin**, *Namur*. Lampes.

**Everaet sœurs**, *Bruxelles*. Dentelles.

**Falisse et Trapmann**, *Liége*. Fusils.

**Falloise**, *Liége*. Incrust. sur métaux.

**Fallon**, *Namur*. Marbre.

**Fasbender**, *Bruxelles*. Cuirs.

**Fauconier (V<sup>e</sup>)**, *Châtelet*. Clous.

**Felhoen-Couck (V<sup>e</sup>)**, *Courtrai*. Coutils.

**Fetu**, *Liége*. Cardes.

**Fontaine**, *Bruxelles*. Lait solide.

**Fonderie royale de canons**, *Liége*. Canons.

**Follet**, *Verviers*. Stuc.

**Fraikin**, *Schaerbeek*. Sculptures.

**Fretiguy**, *Wetteren*. Tapis.

**Frison**, *Dampremy*. Verres à vitres.

**Gaiffier d'Hestroy** (Baron de), *Mallien*. China-Clay.

**Geefs**, *Schaerbeek*. Sculptures.

**Geefs**, *Anvers*. Sculptures.

**Geerts**, *Louvain*. Sculptures.

**Gérard**, *Liége*. Instr de précision.

**Ghislain-Dubois**, *Binche*. Cuirs.

**Giron (Élisa)**, *Bruxelles*. Objets en laque de Chine.

**Gilson et Bossut**, *Tournay*. Étoffes.

**Gilta**, *Appels*. Chanvre.

**Gillay**, *Liége*. Éperons et mors.

**Glenisson et Van Genechten**, *Turnhout*. Papiers.

**Gob**, *Bruxelles*. Serrureries.

**Godin et fils**, *Huy*. Papiers.

**Goens**, *Termonde*. Câbles.

**Golders**, *Anvers*. Enduit préservatif.

**Goudeau**, *Alost*. Machines.

**Groetaers**, *Anvers*. Instr. de précis.

**Guillaume**, *Bovigny*. Pierres à rasoir.

**Guislain**, *Hastière-la-Vaux*. Ébénist.

**Haeck (M<sup>lle</sup>)**, *Destelberghe*. Dentelles.

**Haegens**, *Zele*. Toiles.

**Hammelrath**, *Ypres*. Dentelles.

**Hanicq**, *Malines*. Impressions.

**Hansotte**, *Huy*, Colle-forte.

**Hanssens-Hap**, *Vilvorde*. Crins, toiles.

**Hart**, *Bruxelles*. Médailles.

**Hartog frères**, *Malines*. Toiles.

**Hayez**, *Bruxelles*. Impressions.

**Heerinckx**, *Uccle*. Céréales.

**Henrard**, *Namur*. Carabine.

**Henri**, *Dinant*. Carton.

**Hesnault frères**, *Gand*. Peaux.

**Heusschen-Van Eeckhout et C<sup>e</sup>**, *Bruxelles*. Dentelles.

**Hoogstoel**, *Gand*. Ébénisteries.

**Houtthaeve**, *Roulers*. Peignes.

**Houdin et Lambert**, *Bruxelles*. Cuirs.

**Houyet**, *Bruxelles*. Machines et fécules.

**Hubert**, *Bruxelles*. Orfévreries.

**Idiers**, *Bruxelles*. Teintures.

**Jacqmain**, *Gand*. Imprimeries.

**Jaquet**, *Schaerbeek*. Sculptures.

**Jaquet cadet**, *Schaerbeek*. Sculptures.

**Jacquot**, *Bruxelles*. Chapeaux.

**Jamar**, *Bruxelles*. Impressions.

**Jansen**, *Bruxelles*. Fusils.

**Janssens**, *Saint-Nicolas*. Flanelles.

**Jastrzebski**, *Bruxelles*. Pianos.

**Jehin**, *Spa*. Ouvrages dits de Spa.

**Jehotte**, *Liége*. Médailles.

**Jehotte**, *St-Josse-ten-Noode*. Sculptures.

**Jobart**, *Dinant*. Colle-forte.

Jones frères, *Bruxelles*. Carrosseries.

Jonet, *Couillet*. Verres à vitres.

Joostens, *Essen-lez-Dixmude*. Pinacle.

Jorez, *Bruxelles*. Toiles cirées.

Jouve, *Molenbeek-Saint-Jean*. Pompes à incendie.

Judo, *Berchem*. Ébénisteries.

Julin, *Liége*. Camées.

Kessels, *Bruxelles*. Mach. à briques.

Kestemont, *Bruxelles*. Pompes.

Kistemaeckers, *Anvers*. Toiles de crins et tamis.

Kums, *Anvers*. Toiles.

Lacroix, *Molenbeek-St.-Jean*. Cordes harmoniques.

Ladouhée, *Bruxelles*. Selleries.

Lahousse, *Wervicq*. Tabacs.

Lambert, *Mons*. Inst. de précision.

Lamberty, *Vielsalm*. Pierres à rasoir.

Lamberty, *Stavelot*. Pierres à rasoir.

Lantheere, *Gand*. Cardes.

Lardinois, *Liége*. Carabines.

Latinie, *Soignies*. Inst. d'optique.

Lava de Koninck, *Poperinghe*. Houblon.

Laviolette, *Bruges*. Lins tillés et rouis.

Lecherf, *Bruxelles*. Bronzes.

Leclercq, *Bruxelles*. Cheminées en marbres.

Leclercq, *Longchamps*. Lin roui et tillé.

Ledent, *Liége*. Platine de fusil.

Ledocte, *Leuze*. Houe.

Lefebvre, *Molenbeek-St.-Jean*. Papiers peints.

Lefebvre, *Chercq-lez-Tournay*. Clous.

Legras, *Nederoverheembeek*. Céréales.

Lemaieur-Detige et Cᵉ, *Bruxelles*. Passementeries.

Lemaire Decamps et Plissart, *Tournay*. Étoffes.

Lepage, *Liége*. Armes.

Lerouge, *Mouscron*. Tissus.

Lesigne, *Bruxelles*. Impressions.

Levy-Prins et Prins, *Bruxelles*. Bijouteries.

Lienart-Chattau (Vᵉ), *Tournay*. Étoffes.

Liévain, *Malines*. Chapeaux.

Limelette, *Gosselies*. Clous.

Lombaer, *Jette-St.-Pierre*. Cuirs vernis.

Loncke-Haeze, *Roulers*. Brosses.

Lund, *Bruxelles*. Entonnoir.

Maison de correction, *Saint-Bernard*. Étoffes.

Mackintosh, *Bruxelles*. Serre-page.

Macquinay, *Liége*. Clous.

Magnée, *Bruxelles*. Calligraphies.

Mahillon, *Bruxelles*. Inst. de musique.

Malherbe, *Liége*. Armes.

Mallet, *Charleroy*. Clous.

Manufacture royale, *Tournay*. Tapis.

Marchal, *Ixelles*. Billes en fer laminé.

Marchand, *Schaerbeek*. Sculptures.

Marin, *Spa*. Ouvrages dits de Spa.

Marynen, *Turnhout*. Coutils.

Massardo, *Spa*. Ouvrages dits de Spa.

Masson, *Huy*. Cuirs.

Mathys, *Bruxelles*. Coffre-fort.

Melotte, *Bruxelles*. Broderies.

Menge, *Bruxelles*. Sculpture.

Meckx, *Kessel-Loo*. Céréales.

Mertens, *Ostin*. Céréales.

Mertens, *Gheel*. Étaux.

Metdepenningen, *Anvers*. Soie.

Michiels, *Anvers*. Statues.

Minten, *Louvain*. Céréales.

Misson (E. et L.), *Spa*. Ouvrages dits de Spa.

Misson (A.), *Spa*. Ouvrages dits de Spa.

Moerman, *Gand*. Toiles.

Monnoyer, *Namur*. Coutelleries.

Moncheur, *Andennes*. Fonte.

Montigny et Fusnot, *Bruxelles*. Fusils.

Morimont, *Wierde*. Meule.

Mouthuy, *Bruxelles*. Courroies.

Meusoler, *Liége*. Lampes.

Muquardt, *Bruxelles et Gand*. Librairie.

Naeltjens, *Bruxelles*. Dentelles.

Neyt, *Gand*. Projet de batterie.

Noel, *Louvain*. Passementeries.

Noggerath, *Bruxelles*. Instruments de chirurgie.

Odeurs, *Marlinne*. Charrue.

Offergeld, *Vielsalm*. Pierres à aiguiser.
Otte, *Vielsalm*. Pierres à rasoir.
Olivier et Cᵉ, *Verviers*. Draps.
Orban et fils, *Liége*. Fer.
Parent, *Bruxelles*. Impressions.
Parmentier, *Iseghem*. Toiles.
Paquet (**Marie**), *Anvers*. Dentelles.
Pasteyns, *Louvain*. Dentelles.
Pastor et Cᵉ, *Andennes*. Briques et cornues.
Paternostre, *Louvain*. Ornem. d'église.
Peemans, *Corbeek-Loo*. Céréales.
Peers (Chevalier), *Oostcamp*. Céréales.
Pérard et Mineur, *Liége*. Fer.
Pérée, *Liége*. Cuivre.
Perdious, *Herent*. Céréales.
Petit et Cᵉ, *Auvelais*. Charbons.
Petit-Noel, *Mouscron*. Tissus.
Picard-Masy, *Bruxelles*. Papiers peints.
Pirenne et Duesberg, *Verviers*. Draps.
Piron-Thimister, *Francomont*. Draps.
Plaideau, *Menin*. Tabacs.
Plettinck, *Gand*. Dentelles.
Plomdeur, *Liége*. Armes.
Pluys, *Malines*. Peintures sur verres.
Point père et fils, *Mouscron*. Cuisinière économique.
Polak (Flore), *Bruxelles*. Dessins pour dentelles.
Ponseele, *Tournay*. Sabots.
Puissant, *Court-St.-Étienne*. Creusets.
Pyn et Vanpelt, *Tamise*. Fils.
Quanonne, *Cureghem*. Bougies.
Reallier (Mˡˡᵉ), *Bruxelles*. Dentelles.
Remacle et Perard, *Liége*. Tôles de fer.
Renkin ainé, *Liége*. Fusils.
Renkin frères, *Liége*. Fusils.
Reusens, *Anvers*. Vernis.
Robert fils, *Bruxelles*. Ombrelles.
Robyns, *Louvain*. Huiles.
Robyt, *Bruxelles*. Dentelles.
Roels, *Lokeren*. Lins tillés.
Romedenne, *Erpent*. Charrues.
Romsée, *Fléron*. Charbons.
Rosseels, *Louvain*. Plan de jardin.
Roulé, *Anvers*. Ébénisterie.

Roy, *Bruxelles*. Dentelles.
Sacré, *Bruxelles*. Balances de précision.
Saffre (Vᵉ), *Mouscron*. Étoffes.
Scheidweiler, *St.-Josse-ten-Noode*. Moulin.
Schelstraete, *Courtrai*. Étoffes.
Scheppers, *Loth*. Laines.
Seghers, *Gand*. Noir animal.
Servaes, *Alost*. Étoffes imprimées.
Servais, *Louvain*. Teintureries.
Sevrin, *Rochefort*. Clous.
Sieron, *Bruxelles*. Clous.
Simonis, *Koekelberg*. Sculptures.
Simonis, *Verviers*. Draps.
Sioen, *Gand*. Lattes de plafonneur.
Sirtaine, *Verviers*. Draps.
Smal-Werpin, *Huy*. Briques.
Snoeck, *Herve*. Draps.
Société de l'Espérance, *Seraing*. Creusets en fonte.
Société de Saint-Léonard, *Liége*. Lingots et barres d'acier.
Société linière, *Gand*. Fils d'étouppe.
Société du Phénix, *Gand*. Machines.
Société anonyme des hauts fourneaux, *Couillet*. Locomotives, fers et charbons.
Société John Cockerill, *Seraing*. Machines et fer.
Société de charbonnage d'Oignies-Aiseau, *Charleroy*. Charbon.
Société des hauts fourneaux, *Pommerœul*. Fonte.
Société des hauts fourneaux, *Châtelineau*. Charbon.
Société du charbonnage de Pont-de-Loup-Sud, *Pont-de-Loup*. Charbons.
Société des mines de houille du Trieu-kaisin, *Gilly*. Houille.
Société du charbonnage de Boubier, *Châtelet*. Charbons.
Société Pire-et-Violette, *Chartreuse-lez-Liége*. Charbons.
Société de Floreffe, *Floreffe*. Produits chimiques.
Société des charbonnages et hauts four-

neaux, *Ougrée*. Produits chimiques et couleurs.

**Société des mines et fonderies de zinc de la Vieille-Montagne**, *Liége*. Zinc.

**Société des mines de Rouveroy**, *Mons*. Cuivre.

**Société de la Nouvelle-Montagne**, *Verviers*. Zinc.

**Société des mines et fonderies du Bleyberg**, *Montzen*. Plomb.

**Société de Corphalie**, *Antheit*. Plomb et zinc.

**Société de Vedrin**, *Namur*. Plomb.

**Société charbonnière du Poirier**, *Montigny-sur-Sambre*. Charbons.

**Soenens** (Chevalier), *Swynaerde*. Laines.

**Soenen**, *Ypres*. Dentelles.

**Soetens**, *St.-Gilles*. Bornes et dalles.

**Somzé**, *Liége*. Brosses.

**Somzé-Mahy**, *Liége*. Brosses.

**Stainier**, *Bruxelles*. Formes, embouchoirs.

**Sternberg**, *Bruxelles*. Pianos.

**Stobbelaers**, *Moerzeke*. Céréales.

**Stocquart frères**, *Grammont*. Dentelles.

**Strubbe et Baey**, *Bruges*. Écorces.

**Suermondt**, *Wandre*. Charbons.

**Taillet**, *Bruxelles*. Cuirs.

**Tardif**, *Bruxelles*. Enveloppes de lettres.

**Temsonnet et Dartet**, *Namèche et Samson*. Terre.

**Terrein et C<sup>e</sup>**, *Mouscron*. Tissus de laine et de coton.

**Thibau-Accou**, *Iseghem*. Toiles.

**Thibau-Sette**, *Iseghem*. Toiles.

**Thonet**, *Liége*. Armes.

**Thonnart**, *Herstal*. Mors.

**Tiberghien**, *Binche*. Cuirs.

**Tinlot**, *Herstal*. Fusils.

**Tollenaers** (Thérèse), *Bruges*. Dentelles.

**Tombelle-Lomba**, *Bonneville*. China-clay.

**Touche-Gillès**, *St.-Laurent*. Savon.

**Tourey**, *Liége*. Armes.

**Train**, *Huy*. Instruments aratoires.

**Troostenberghe**, *Bruges*. Souliers.

**Troupin frères**, *Verviers*. Machines.

**Tuerlinckx**, *Malines*. Sculptures.

**Valerius-Jouan**, *Anvers*. Plan cadastral.

**Valérius**, *Bruxelles*. Librairie.

**Van Ackere**, *Wevelghem*. Toiles.

**Van Aken, et fils**, *Anvers*. Cabriolet.

**Van Aken**, *Anvers*. Voiture.

**Van Alleynnes**, *Ypres*. Cuirs.

**Van Beneden-Bruers**, *Bruxelles*. Corsets.

**Van Beneden (V<sup>e</sup>)**, *Bruxelles*. Corsets.

**Van Bogaert**, *Grembergen*. Lin tillé.

**Van Bunnen**, *Bruges*. Fécule.

**Van Burkhoven**, *Moerbeke*. Vis.

**Van Campenhoudt**, *Heusden-lez-Gand*. Bougies.

**Van de Meersche**, *Alost*. Ébénisteries.

**Van den Abeele**, *Appels*. Céréales.

**Van den Berghe**, *Courtrai*. Étoffes.

**Van den Borre**, *Uccle*. Froment.

**Vandenbos**, *Gand*. Bottes.

**Vandenbranden**, *Malines*. Table incrustée.

**Vandercamer**, *Bruxelles*. Zinc.

**Vander Elst**, *Uccle*. Céréales.

**Vanderhaegen**, *St.-Gilles*. Dentelles.

**Vanderhecht**, *Bruxelles*. Parachute des mines.

**Vanderkelen**, *Bruxelles*. Dentelles.

**Van der Maelen**, *Molenbeek-St.-Jean*. Atlas géographique.

**Vanderoost**, *Bruxelles*. Bottes.

**Vanderscrieck frères**, *Anvers*. Laine artificielle.

**Van der Smissen aîné**, *Bruxelles*. Dentelles.

**Van der Straeten**, *Liége*. Draps.

**Van der Straeten**, *Bruxelles*. Huile.

**Van de Vin**, *Bruxelles*. Machine.

**Van Esschen**, *Molenbeek-St.-Jean*. Pont de fer.

**Van Geeteruyen**, *Hamme*. Amidon.

**Van Goethem**, *Lembecq*. Machine.

**Van Haelen (V<sup>e</sup>)**, *Bruxelles*. Dentelles.

**Van Halle**, *Bruxelles*. Ornem. d'église.

**Van Hecke**, *Bruxelles*. Instruments de précision et appareil de ventilation.

**Van Hoey**, *Hamme*. Lin tillé.
**VanHool**, *Anvers*. Sculptures.
**Van Hulle**, *Rymenam*, Plan d'assolement.
**Van Kiel sœurs**, *Malines*. Dentelles.
**Van Linden**, *Londres*. Sculptures.
**Van Loo**, *Gand*. Dentelles.
**Van Loy**, *Anvers*. Tonneau.
**Van Maele**, *Thielt*. Charrues.
**Van Meries**, *Poperinghe*. Houblon.
**Van Mierlo**, *Anvers*. Machines.
**Van Molle**, *Assche*. Sellerie.
**Van Nieuwenborg frères**, *Lokeren*. Chapellerie.
**Van Nuffel et Coveliers**, *Anvers*. Toile à peindre.
**Van Oost**, *Hooghlede*. Toile.
**Van Ophem**, *Uccle*. Céréales.
**Van Riet**, *Moerzeke*. Chanvre.
**Vanschendel**, *Bruxelles*. Modèle de géométrie.
**Vanstraelen (Mme)**, *Bruges*. Dentelles.
**Vanstraelen**, *Hasselt*. Sellerie.
**Van Wiele**, *Grembergen*. Lin roui.
**Verbeeck**, *Grembergen*. Lins.
**Verberckt**, *Anvers*. Ornements d'église.
**Verbist**, *Nirelles*. Charrue.
**Vercauteren**, *Zele*. Tourteaux.
**Vercruysse**, *Deerlyck*. Lin et toiles.
**Vercruysse**, *Courtrai*. Tourteaux.
**Verdure**, *Tournay*. Tapis.
**Verhasselt**, *Bruxelles*. Instruments de musique.

**Verhelst**, *Grembergen*. Chanvre.
**Verheyden**, *Dilbecq*, Céréales.
**Verhulst et Ce**, *Bruxelles*. Indiennes.
**Verhulst, de Rongé et Ce**, *Bruxelles*. Coton.
**Verreyt**, *Bruxelles*. Impress. sur étoffes.
**Verriest**, *Courtrai*. Toiles.
**Verschaeve**, *Ypres*. Tabacs.
**Verstraeten**, *Gand*. Produits chimiques.
**Violard**, *Bruxelles*. Dentelles.
**Vloeberghs**, *Bruxelles*. Couleurs.
**Vogelsangs**, *Bruxelles*. Pianos.
**Voortman**, *Gand*. Impress. sur étoffes.
**Vyvens**, *Muysse*. Céréales.
**Washer**, *Bruxelles*. Dentelles.
**Weber**, *Bruxelles*. Porte-monnaie et porte-cigare.
**Weil, Meyer et Ce**, *Anvers*. Dentelles.
**Weinknecht**, *Bruxelles*. Tapis.
**Wesmael**, *Namur*. Impressions.
**Wiener**, *Bruxelles*. Médailles.
**Wilford**, *Tamise*. Toile à voiles.
**Willems**, *Hasselt*. Céréales.
**Wood**, *Anvers*. Teintures.
**Wouwermans**, *Molenbeek-Saint-Jean*. Couleurs et vernis.
**Wynants**, *Schaerbeek*. Machines à sculpter.
**Xhoffray et Ce**, *Dolhain - Limbourg*. Laines.
**Zaman et Ce**, *St.-Josse-ten-Noode*. Pavés.
**Zegelaer**, *Bruxelles*. Cire à cacheter.
**Zoude**, *Namur*. Cristaux.

Ces producteurs se divisent ainsi par province :

| | |
|---|---:|
| Brabant | 161 |
| Liége | 84 |
| Flandre orientale | 71 |
| Flandre occidentale | 64 |
| Namur | 55 |
| Anvers | 47 |
| Hainaut | 56 |
| Luxembourg | 10 |
| Limbourg | 5 |

Voici la répartition des produits, par ordre d'industries, d'après la division adoptée par le jury de l'exposition belge en 1847 :

## PREMIÈRE SECTION.
### FILS, ÉTOFFES ET TISSUS.

*Lin* : Lin et chanvre, 16 ; fils simples ou retors, 8 ; tissus de lin, batiste, 26. *Laine* : Laine brute, 2 ; fils de laine, 2 ; draps et étoffes de laine, 14 ; tapis, 3. *Coton* : Fils teints en rouge d'Andrinople, 2 ; impressions sur étoffes de coton, 8 ; cotonnettes, tissus mélangés, 6 ; étoffes à pantalons, 13. *Soie* : Soie grége, 3 ; fils de soie, 1 ; tissus de soie, 1 ; impressions sur tissus de soie, 1. — Dentelles, 52. Broderies sur tulle ou sur mousseline, 3. Tissus en crin, 2. Passementerie, 3. Chapellerie, 4.—Objets en tapisserie, 1. Objets d'habillements, corsets, etc., 3.

## DEUXIÈME SECTION.
### MÉTALLURGIE, MACHINES ET OUTILS.

*Fer* : Minerai de fer, 3 ; fonte et fer bruts, 5 ; objets en fer et en fonte, 7 ; fil de fer, 1 ; tôles, 3. *Acier* : Objets en acier, 5. *Cuivre* : Objets en cuivre, 3. *Zinc et plomb* : Minerai de zinc et de plomb, 6 ; objets en zinc, 3 ; objets en laiton, 1. Coutellerie, 1. Clouterie, 9. Armurerie, 19. Serrurerie et poêlerie, 5. *Machines* : Machines motrices, 2 ; machines pour les manufactures et pour des préparations diverses, 9 ; machines agricoles, 15 ; modèles de construction du génie civil, 2 ; appareils à l'usage des mines, 7 ; appareils divers, 11.

## TROISIÈME SECTION.
### INSTRUMENTS DE PRÉCISION ; ARTS CÉRAMIQUES ET CHIMIQUES ; SUBSTANCES ALIMENTAIRES.

Instruments de précision, de pesage, etc., 4. Instruments de mathématiques et de physique, 3. Instruments de chirurgie, 2. Chinaclay et terre plastique pour briques, creusets, etc., 3. *Pierres ouvrées* : Ardoises, 1 ; pierres à aiguiser, 7 ; pierres meulières, 2 ; marbres, 3 ; porphyre et matériaux de construction, 4. — Porcelaine, 2. Objets en terre cuite, 6. Cristallerie, 4. Verres à vitres, 5. Produits chimiques, 10. Farines et autres substances alimentaires, 4. Fécule, 5. Sucre, 2. Tabacs, 5. Huiles et résineux, 5. Vernis, 2. Toiles cirées, 2. Savons, 1. Teintures, 2. Bougies, 3. Colle-forte, 4. Noir animal, 5. *Peaux et cuirs* : Peaux tannées et non tannées, 13 ; pelleterie, 4 ; cordonnerie, 5 ; charbons, 11. *Produits agricoles* : Céréales, 29 ; tourteaux de lin, 2 ; objets divers, 7.

## QUATRIÈME SECTION.

### OBJETS D'ART, D'AMEUBLEMENT ET DE LUXE.

Sculpture, comme œuvre d'art, 21. Ciselure et gravure, 8. Modèles d'architecture, plans, etc., 5. Vitraux peints, 2. Lithographie, 2.

Papiers et cartonnages, 3. Papiers d'ameublement, 4. Typographie, 9. Reliure et confection de portefeuilles, 3. *Instruments de musique :* Pianos, 7; autres instruments de musique, 2. — Menuiserie et parqueterie, 3. Ébénisterie, 17. Marbrerie, 1. Carrosserie, 4. Sellerie, 5. Orfévrerie, 2. Or et argent en feuilles, 1. Broderies en or et en argent, 3. Vannerie et objets en paille tressée, 2. Brosserie, 4. Objets divers, 10.

# II.

## EXPOSITION DES BEAUX-ARTS DE 1851.

### 1. — RAPPORT AU ROI.

Sire,

Le 1er mai prochain doit s'ouvrir, à Londres, l'exposition générale de l'industrie de toutes les nations. La date de la fermeture de cette exposition n'est pas fixée, mais il est probable qu'elle n'aura lieu que vers le mois d'octobre et peut-être plus tard encore.

Pendant cet intervalle, s'organisera à Bruxelles, aux termes de différents arrêtés de Votre Majesté, l'exposition nationale et triennale des beaux-arts, qui doit commencer le 15 août pour finir le premier lundi d'octobre.

Cette coïncidence m'a paru de nature à faire examiner s'il ne conviendrait pas d'agrandir le cercle de l'exposition belge.

Ce n'est pas, Sire, que les exhibitions nationales belges soient exclusivement destinées aux œuvres des artistes du pays.

A chacune d'elles, plusieurs artistes étrangers ont envoyé leurs productions, et les distinctions qui leur ont été accordées prouvent que le gouvernement de Votre Majesté, pour récompenser le mérite, ne se renferme pas dans les limites du pays.

Cependant, le but principal de nos expositions était de constater la situation des arts en Belgique, ainsi que la marche qu'ils avaient suivie pendant la période triennale précédente.

L'exposition de 1851 pourrait revêtir un caractère plus large. La Belgique qui, dans les arts, a su se conquérir une place des plus honorables, peut, sans crainte, inviter les artistes des autres nations à venir prendre part à une lutte semblable.

Ainsi, notre exposition, au lieu d'être conçue, comme celles qui l'ont précédée, au point de vue plus exclusif de l'art belge, ouvrirait un vaste champ où se rencontreraient les artistes de toutes les écoles et qui permettrait de constater le degré de perfection auquel les différentes branches de l'art sont parvenues en Europe.

Aucun pays, du reste, ne semble plus propre que la Belgique à une solennité de cette nature, tant par sa position géographique, que par la situation prospère et calme que ses institutions lui ont assurée.

D'un autre côté, Sire, les deux expositions de Londres et de Bruxelles se compléteraient l'une par l'autre; car, s'il est vrai que la première consacre une section à la sculpture, aux modèles et à l'art plastique, il est à considérer qu'elle envisage cette partie des arts spécialement au point de vue industriel et qu'elle exclut formellement toutes les autres. La seconde, au contraire, admettrait les productions de toutes les branches artistiques indistinctement, à la seule exception des copies.

J'ose espérer que Votre Majesté voudra bien adopter ces vues, et j'ai l'honneur, en conséquence, de Lui proposer de m'autoriser à instituer une commission qui s'occuperait, sans délai, de l'examen des mesures propres à les réaliser.

Tel est, Sire, l'objet du projet d'arrêté ci-joint.

*Le ministre de l'intérieur,*

**Ch. Rogier.**

## 2. — ARRÊTÉ ROYAL.

LÉOPOLD, Roi des Belges,

A tous présents et à venir, Salut.

Revu Nos arrêtés relatifs à l'institution d'une exposition nationale d'objets d'art qui a lieu, tous les trois ans, à Bruxelles;

Considérant que l'exposition de 1851, qui doit commencer le 15 août pour finir le premier lundi d'octobre, coïncide avec l'exposition générale de l'industrie ouverte à Londres dans le courant de la présente année;

Considérant que, dans cette occurrence, il convient de donner à l'exposition artistique belge un caractère plus général, en y conviant les artistes de tous les pays;

Sur le rapport de Notre Ministre de l'intérieur,

Nous avons arrêté et arrêtons :

Art. 1er. Une exposition générale d'œuvres d'artistes vivants aura lieu à Bruxelles le 15 août prochain.

Art. 2. L'organisation et la direction de l'exposition des beaux-arts de 1851 sont confiées à une commission dont les membres seront nommés par Notre Ministre de l'intérieur.

Art. 3. Notre Ministre de l'intérieur est chargé de l'exécution du présent arrêté.

Donné à Bruxelles, le 19 mars 1851.

LÉOPOLD.

Par le roi :

*Le ministre de l'intérieur,*

**Ch. Rogier.**

## 3. — EXPOSITION DES BEAUX-ARTS DE 1851. — NOMINATION DE LA COMMISSION DIRECTRICE.

Le Ministre de l'Intérieur,

Vu l'art. 2 de l'arrêté royal du 19 mars courant, ainsi conçu :

« L'organisation et la direction de l'exposition des beaux-arts de 1851 sont confiées à une commission dont les membres seront nommés par Notre Ministre de l'intérieur. »

Arrête :

Art. 1er. Sont nommés membres de ladite commission :

MM. de Brouckere (Ch.), membre de la chambre des représentants, bourg-mestre de Bruxelles, président ;

Coppens (F.), architecte, à Bruxelles ;

Cluysenaar, architecte, à Bruxelles ;

Dedoncker, conseiller communal, à Bruxelles ;

De Keyser, peintre d'histoire, à Anvers ;

Fontainas, échevin de la ville de Bruxelles ;

Leys, artiste peintre, à Anvers ;

Madou, artiste peintre, à Bruxelles ;

MM. Materne, secrétaire général du ministère des affaires étrangères;

Navez, directeur de l'Académie royale des beaux-arts de Bruxelles:

Romberg, chef de division au ministère de l'intérieur;

Simonis (Eug.), statuaire, à Bruxelles;

Vander Belen, chef de division au ministère de l'intérieur;

Van Eyken, professeur de peinture à l'Académie royale des beaux-arts de Bruxelles.

Art. 2. La commission choisira dans son sein un vice-président et deux secrétaires.

Art. 5. Elle se réunira au ministère de l'intérieur, dimanche, 30 mars, à midi.

Bruxelles, le 27 mars 1851.

**Ch. Rogier.**

### 4. — RÉGLEMENT POUR L'EXPOSITION GÉNÉRALE DES BEAUX-ARTS DE 1851.

LE MINISTRE DE L'INTÉRIEUR,

Vu l'art. 3 de l'arrêté royal du 19 mars 1851;

Vu les propositions de la commission directrice de l'exposition générale des beaux-arts de 1851;

Arrête :

§ 1er. *De l'ouverture de l'exposition et de l'envoi des objets.*

Art. 1er. L'exposition générale des objets d'art de 1851 commencera le 15 août et se fermera le 31 octobre.

Elle est ouverte aux productions des artistes vivants, belges ou étrangers.

Art. 2. Les objets envoyés à l'exposition doivent être adressés à la *commission directrice de l'exposition générale des beaux-arts, à Bruxelles*, et être accompagnés d'une lettre indiquant exactement le nom et le domicile de l'artiste, ainsi que l'explication à insérer au catalogue.

Art. 3. La commission directrice prend à sa charge les frais de transport sur tout le territoire belge, tant pour l'aller que pour le retour. Les colis expédiés de l'étranger doivent être affranchis jusqu'à la frontière belge.

Art. 4. Nul objet d'art n'est reçu après le 25 juillet.

Cependant les objets qui auront figuré à l'exposition universelle de Londres, dans la section des beaux-arts, seront admis après cette date, dans le cas où cette exposition serait fermée avant le 1er octobre.

### § 2. *Du jury d'admission et du jury de placement.*

Art. 5. Le jury d'admission est formé du président de la commission directrice et de sept membres pris dans son sein et désignés par elle.

Art. 6. Le jury de placement est nommé par tous les artistes dont les œuvres ont été admises, et comprend cinq peintres, dont au moins deux d'histoire, deux sculpteurs, un architecte et un graveur.

Art. 7. Chaque artiste, qui enverra ses œuvres à l'exposition, joindra à la lettre mentionnée à l'art. 2, sous une enveloppe spéciale fermée et signée par lui, un bulletin contenant neuf noms d'après la classification établie ci-dessus.

Les bulletins des artistes dont les œuvres ne seraient pas admises, seront anéantis.

Les autres bulletins seront ouverts dans une séance publique de la commission qui aura lieu le 26 juillet, à midi, au Musée. Il est procédé immédiatement à leur dépouillement. Les artistes qui ont obtenu le plus grand nombre de suffrages sont proclamés membres du jury. En cas de parité des voix, le plus âgé l'emporte.

Art. 8. La commission directrice donne, sur-le-champ, connaissance du résultat du scrutin aux membres élus. En cas de non-acceptation, l'artiste nommé est remplacé par celui qui le suit dans l'ordre du nombre des voix.

Art. 9. Le jury d'admission commence ses opérations le 26 juillet, pour les finir au plus tard le 31 du même mois.

Art. 10. Le jury d'admission est chargé de l'examen des objets d'art présentés à l'exposition. Il admet ceux qu'il juge dignes d'y figurer.

Il ne reçoit que des tableaux, statues, bas-reliefs, dessins, gravures, ciselures et lithographies.

Il refuse toute copie, tout tableau, dessin ou lithographie sans cadre, ainsi que tout objet qui aura déjà paru dans une exposition publique à Bruxelles.

Les gravures et lithographies ne sont admises que lorsqu'elles sont envoyées directement par leurs auteurs. Les autres objets n'appartenant plus à leurs auteurs ne sont reçus qu'autant qu'il soit produit une autorisation écrite de ceux-ci.

Le jury décide, en outre, s'il y a lieu de refuser l'admission de quelque objet d'art pour des causes autres que celles énumérées ci-dessus.

Art. 11. Le jury de placement entre en fonctions le 1er août.

Art. 12. Le placement des objets doit être terminé, au plus tard, le 14 août. Dès qu'il est achevé, il est déclaré définitivement arrêté, et mention en est faite au procès-verbal. A partir de ce moment, nul objet ne peut plus être déplacé.

Art. 13. Le jury de placement est dissous, de plein droit, le jour de l'ouverture de l'exposition.

### § 3. *Du jury des récompenses.*

Art. 14. Le jury des récompenses est composé des membres du jury de placement, auxquels le gouvernement, s'il le juge convenable, adjoindra quatre membres nommés directement par lui.

Art. 15. Le jury des récompenses est spécialement chargé d'adresser au gouvernement des propositions pour les achats, les médailles et les encouragements.

### § 4. *Des achats, des médailles et des encouragements.*

Art. 16. Le jury des récompenses signale, s'il y a lieu, au gouvernement les ouvrages d'un mérite remarquable dont il estime que l'acquisition peut être proposée pour le compte de l'État, et il en indique le prix.

Art. 17. Nulle acquisition ne peut être proposée à seul titre d'encouragement.

Art. 18. Il est décerné une médaille aux artistes qui ont fait preuve du talent le plus distingué.

Cette médaille est en or.

Art. 19. La médaille en or ne peut être accordée aux artistes qui ont obtenu la décoration de l'ordre de Léopold ou la médaille de 1re classe à l'une des expositions précédentes à Bruxelles.

Art. 20. Il peut être accordé des indemnités pécuniaires aux jeunes artistes belges qui, notamment dans les genres de la peinture d'histoire et de la sculpture, auront exposé des œuvres dignes d'encouragement.

Art. 21. Il ne peut être accordé d'indemnité pour un ouvrage vendu.

Art. 22. Le ministre de l'intérieur fait connaitre au jury la somme qui peut être affectée aux indemnités.

Le chiffre de chaque indemnité proposée ne peut excéder mille francs ni être inférieur à deux cents francs.

Art. 23. Le jury des récompenses transmet ses propositions au ministre de l'intérieur, avant le 15 septembre.

Art. 24. La proclamation des achats et des récompenses se fera dans une séance publique.

### § 5. *De l'exposition des objets.*

Art. 25. Pendant toute la durée de l'exposition, personne n'y est admis que moyennant une rétribution d'un franc.

Toutefois, l'entrée est gratuite le dimanche et pendant les journées de septembre de midi jusqu'à 4 heures.

Art. 26. Il sera délivré des cartes d'entrée permanentes, au prix de dix francs, aux personnes qui en feront la demande à la commission directrice.

Les cartes permanentes emportent avec elles le droit d'assister à l'ouverture solennelle de l'exposition, ainsi qu'à la séance de proclamation des récompenses.

Art. 27. Les artistes exposants, les membres de la commission directrice et ceux des deux jurys, reçoivent une carte d'entrée personnelle pour toute la durée de l'exposition.

Art. 28. Les cartes mentionnées aux deux articles précédents doivent porter la signature de l'intéressé. Comme moyen de contrôle, un registre sur lequel les porteurs de ces cartes seront tenus de signer, sera déposé à l'entrée des salons.

Art. 29. A l'exception des personnes que leurs fonctions y appellent, nul ne peut être admis au salon avant le jour d'ouverture.

Les artistes ne sont admis à vernir leurs tableaux ou à laver leurs ouvrages de sculpture en marbre que le jour même de l'ouverture du salon, depuis le lever du soleil jusqu'à la dernière demi-heure qui précède cette ouverture.

Art. 30. Nul objet ne peut être retiré de l'exposition avant le 31 octobre.

Art. 31. Les artistes doivent retirer leurs ouvrages dans le délai d'un mois, à partir du jour de la clôture de l'exposition. Ils peuvent désigner leurs mandataires ou les voies de transport par lesquelles ils désirent que les objets leur soient renvoyés.

## DISPOSITIONS GÉNÉRALES.

Art. 32. Lors du dépouillement des bulletins, les enveloppes sont détruites immédiatement après leur ouverture. Toutefois il est tenu note des artistes qui ont envoyé des bulletins.

Art. 33. Les bulletins ne sont ouverts et dépouillés qu'après avoir été réunis et comptés.

Si une enveloppe contient deux ou plusieurs bulletins, ils sont tous anéantis. Mention en est faite au procès-verbal.

Art. 34. Chaque jury nomme son président et son secrétaire.

Art. 35. Les jurys ne délibèrent que si les deux tiers au moins de leurs membres sont présents.

Les décisions des jurys sont prises à la majorité absolue des voix des membres présents. En cas de partage, la proposition est censée rejetée.

Toutefois, en ce qui concerne le jury d'admission, lorsqu'il y a partage ou lorsque la majorité pour le refus ne se compose que d'une voix, la commission directrice tout entière est appelée à délibérer.

Art. 36. Nul artiste faisant partie de l'un des jurys ne peut prendre part ni être présent aux délibérations ou aux votes qui le concernent personnellement. Il est fait au procès-verbal mention expresse de son abstention.

Art. 37. Les membres du jury prennent l'engagement de garder le secret sur les opinions, les propositions et les votes de leurs collègues, ainsi que sur le résultat négatif du scrutin, auquel pourrait avoir donné lieu la proposition d'un achat, d'une récompense ou d'un encouragement.

Art. 38. Les artistes qui veulent se servir de l'intermédiaire de la commission directrice pour la vente de leurs œuvres, font connaître les prix qu'ils en demandent. En cas de vente, la commission opère une retenue de 5 p. c. au profit de la caisse centrale des artistes belges.

Art. 39. Les frais de l'exposition, y compris les achats d'objets exposés, sont couverts par des allocations du gouvernement et de l'administration communale et par les autres ressources offertes par l'exposition elle-même. Les dépenses sont soumises à l'approbation préalable du ministre de l'intérieur, auquel il en est ensuite rendu compte.

Bruxelles, le 2 juillet 1851.

**Ch. Rogier.**

## 5. — CIRCULAIRE ADRESSÉE AUX ARTISTES ÉTRANGERS.

M.

Le 15 août prochain s'ouvrira à Bruxelles l'exposition triennale des beaux-arts. Cette exposition coïncide avec celle qui aura lieu à Londres pour les produits de l'industrie de tous les peuples, et le gouvernement belge a désiré mettre cette circonstance à profit pour élargir le cercle et rehausser l'éclat du concours qu'il a institué. Tandis que, d'un côté, les merveilles de l'industrie seront réunies, de l'autre, dans un cadre plus modeste mais encore grandiose, les arts, sans distinction de nationalité, pourront se donner rendez-vous.

Aucun temps ni aucun lieu n'étaient peut-être plus propres à la réalisation de cette pensée. La Belgique, comme un des berceaux de l'art, peut justement prétendre à l'honneur de réunir chez elle ceux qui en pratiquent le culte. Ils trouveront, dans le calme que ce pays n'a cessé de goûter, une garantie de l'affluence des visiteurs. Sa position topographique invitera, d'ailleurs, tous ceux que l'exposition de l'industrie aura attirés à Londres, à venir compléter, à l'exposition des beaux-arts de Bruxelles, une sorte de revue générale des œuvres du génie, de l'intelligence et du goût.

Nous espérons, monsieur, que vous voudrez bien contribuer à assurer, par votre participation, le succès de l'exposition à laquelle nous avons l'honneur de vous convier. Vous n'ignorez pas l'accueil hospitalier que le gouvernement belge a toujours fait aux artistes étrangers, lors des solennités du même genre qui ont eu lieu précédemment; les mêmes témoignages de sympathie et de distinction les attendent encore cette fois, et nous pouvons leur donner la certitude que rien ne sera omis pour qu'ils aient à se féliciter d'avoir répondu à l'appel que nous sommes chargés de leur transmettre.

Si votre intention est de prendre part à l'exposition, nous vous prions, monsieur, de nous le faire savoir avant le 15 mai prochain. Vous auriez, également, l'obligeance de nous indiquer la nature et le nombre des objets d'art que vous comptez exposer, ainsi que leurs dimensions en longueur et en largeur. Ces renseignements sont nécessaires pour nous guider dans la distribution de l'emplacement, et pour que nous puissions tenir à votre disposition l'espace convenable.

Nous vous ferons connaître très-prochainement, monsieur, les facilités de transport qui seront accordées pour les objets destinés à l'exposition, et nous vous prions d'agréer l'expression de notre considération très-distinguée.

<table>
<tr><td></td><td>Le président de la commission<br>directrice de l'exposition,</td></tr>
<tr><td>Le secrétaire,</td><td></td></tr>
<tr><td>Ed. Romberg.</td><td>Ch. de Brouckere.</td></tr>
</table>

## 6. — CIRCULAIRE ADRESSÉE AUX ARTISTES BELGES.

M

Les artistes belges ont répondu avec empressement à l'appel qui leur a été adressé à l'occasion de l'exposition triennale des beaux-arts de 1848. Nous espérons qu'ils concourront avec non moins d'ensemble au succès de l'exposition qui s'ouvrira le 15 août prochain, et dont le gouvernement a désiré élargir le cadre en invitant, d'une manière plus spéciale, les artistes des autres nations.

Depuis la régénération politique de la Belgique, l'école belge a su se conquérir dans l'art une place des plus honorables. Il s'agit aujourd'hui, pour elle, de maintenir dignement son rang au milieu des œuvres distinguées que l'étranger pourra nous envoyer; il y va, en quelque sorte, de l'honneur de son drapeau.

Si, comme nous n'en doutons pas, votre intention est de prendre part à l'exposition, nous vous prions, monsieur, de nous le faire savoir avant le 25 mai prochain. Vous auriez également l'obligeance de nous indiquer la nature et le nombre des objets d'art que vous comptez exposer, ainsi que leurs dimensions en longueur et en largeur. Ces renseignements sont nécessaires pour nous guider dans la distribution de l'emplacement et pour que nous puissions tenir à votre disposition l'espace convenable.

Nous vous prions, monsieur, d'agréer l'expression de notre considération très-distinguée.

Le vice-président de la commission directrice<br>de l'exposition,

<table>
<tr><td>Le secrétaire,</td><td></td></tr>
<tr><td>Eug. Vander Belen.</td><td>A. Fontainas.</td></tr>
</table>

## 7. — COMPOSITION DU JURY DE PLACEMENT.

Ce jury a été nommé par tous les artistes dont les œuvres ont été admises. 345 bulletins ont été remis à la commission directrice, leur dépouillement a donné le résultat suivant :

|  |  |  |
|---|---|---|
| | Navez . . . . . . . . | 248 voix. |
| | Van Eyken . . . . . . | 243 » |
| Peintres . . . | Leys . . . . . . . . | 231 » |
| | De Keyzer . . . . . . | 227 » |
| | Fourmois . . . . . . | 137 » |

| Sculpteurs . . | Simonis . . . . . . . . | 209 | » |
|---|---|---|---|
|  | Fraikin . . . . . . . . | 182 | » |
| Graveur . . . | Erin Corr . . . . . . | 132 | » |
| Architecte . . | Balat . . . . . . . | 150 | » |

M. Van Eyken n'ayant pu, à cause de sa santé, accepter les fonctions de membre du jury de placement, M. Portaels, qui avait obtenu le plus de voix après M. Fourmois (109), a été appelé à le remplacer.

Aux termes de l'art. 14 du règlement, le jury des récompenses a été composé des membres du jury de placement, auquel le gouvernement a seulement adjoint le président de la commission directrice.

## 8. — INAUGURATION DU SALON.

Le 15 août a eu lieu avec beaucoup de solennité l'ouverture du salon de 1851, dans l'édifice élevé sur les plans combinés de MM. les architectes Coppens et Cluysenaar, membres de la commission directrice, et sous la direction de M. Cluysenaar, dans la vaste cour du Musée. Cet édifice se compose de deux grandes salles centrales sur chaque côté desquelles s'ouvrent des salons. Au milieu de la seconde salle s'élève la statue du duc Charles de Lorraine. Au fond et derrière les salles règne une longue galerie qui contient les tableaux de grande dimension. Les communications sont nombreuses et faciles. Des ventilateurs sont pratiqués de tous côtés pour renouveler l'air. Le jour vient d'en haut et est très-favorable ; aucun tableau ne reste dans l'ombre. Les salles sont arrangées avec goût ; des divans circulaires, des siéges nombreux sont disposés çà et là pour la commodité du public.

Avant l'heure fixée pour l'ouverture, MM. les ministres de l'intérieur, de la justice, des affaires étrangères, des finances et des travaux publics, plusieurs membres du corps diplomatique, un grand nombre d'exposants et de visiteurs étaient réunis dans les galeries.

M. le bourgmestre, en costume, accompagné des membres de la commission directrice, du jury de placement, de plusieurs conseillers communaux et de M. Vander Belen, chef de la division des beaux-arts et secrétaire de la commission, sont allés recevoir le Roi devant le grand portail. Une compagnie du régiment de grenadiers et le corps des sapeurs-pompiers étaient rangés en bataille des deux côtés de la rue du Musée.

Le Roi, accompagné de M. le général Du Pont, son aide de camp, de M. le comte de Marnix, maréchal du palais, et de plusieurs officiers d'ordonnance.

a été introduit par M. le bourgmestre et les membres des commissions dans le premier salon central.

M. Charles de Brouckere, bourgmestre, a adressé au Roi le discours suivant :

« Sire,

« La commission directrice et le jury sont heureux du témoignage de bienveillant intérêt que Votre Majesté donne aux artistes, en présidant à l'ouverture de l'exposition.

« Les beaux-arts ont toujours été hospitaliers; mais le rapprochement industriel qui vient de s'opérer, à l'appel de l'Angleterre, fait mieux comprendre aux artistes, en 1851, l'importance des expositions générales.

« Le Roi trouvera non-seulement un concours plus nombreux d'œuvres d'art, mais Votre Majesté reconnaîtra, dans l'ensemble de ces œuvres, un mérite supérieur à celui des expositions précédentes.

« L'Allemagne, la France et la Hollande ne sont plus seules représentées; la Grande-Bretagne, l'Espagne, l'Italie, la Suisse figurent aussi, avec honneur, dans nos galeries. Berlin, Dresde, Dusseldorf, Munich, Vienne y brillent à côté d'Amsterdam, de Genève, de Paris, de Rome et d'autres foyers artistiques.

« L'extension de la concurrence a provoqué une noble émulation. L'art a des interprètes plus dignes, plus élevés que jamais.

« Aucun artiste belge n'a été sourd à la voix du gouvernement. Tous, au contraire, ont compris ce qu'ils devaient à leurs émules des autres contrées, ce qu'ils devaient à la patrie.

« Nous nous flattons, Sire, qu'après avoir visité le salon, chacun emportera la conviction que si d'autres écoles fleurissent, la vieille réputation de l'école flamande n'est pas en péril sous le règne de Votre Majesté. »

Ces paroles sont suivies de nombreux applaudissements.

Le Roi a répondu avec bienveillance qu'il était heureux de prendre part à une solennité qui se rattachait à l'une des gloires les plus pures et les plus fécondes du pays; que le développement des arts intéresse l'avenir de la civilisation et que l'on doit s'en préoccuper avec une sollicitude d'autant plus vive que les arts ont le plus à souffrir dans les époques de crises politiques et ont besoin pour fleurir que la paix et l'ordre leur prêtent un bienfaisant appui.

Les paroles de S. M. ont été suivies de cris nombreux de *Vive le Roi!*

Le Roi, guidé par M. le bourgmestre et par la commission, suivi des ministres, des officiers de sa maison et de la foule des artistes et des visiteurs, a parcouru les salons. Il est entré dans la grande galerie et a commencé sa revue par le magnifique tableau de M. Gallait : *Les derniers honneurs rendus aux comtes d'Egmont et de Horn par le Grand Serment de Bruxelles.* Il a fait ensuite le tour des salles, s'arrêtant devant presque tous les tableaux et complimentant les artistes qui lui étaient présentés. MM. Navez et de Keyzer ont accompagné S. M. dans cette revue qui a duré près de deux heures, et Lui ont fait les honneurs du salon.

Le Roi a été reconduit jusqu'à la sortie du salon avec le même cérémonial qu'à son arrivée. Il a été salué à son départ par les cris de : *Vive le Roi !*

# III.

## DISTRIBUTION DES RÉCOMPENSES

AUX EXPOSANTS BELGES DE L'EXPOSITION UNIVERSELLE DE LONDRES
ET AUX ARTISTES DE L'EXPOSITION GÉNÉRALE DES BEAUX-ARTS A
BRUXELLES.

Cette imposante solennité a eu lieu le 5 novembre 1851, à une heure, dans la belle salle du Palais Ducal, au milieu d'une immense affluence. Au fond de la salle centrale s'élevait une estrade sur le devant de laquelle était placé le bureau. A droite étaient rangés les fauteuils où devaient prendre place Sa Majesté, les princes et les personnes de leur suite. Derrière le bureau s'élevaient des gradins en amphithéâtre où siégeaient les membres de la commission directrice et les jurés de l'exposition des beaux-arts, la commission belge et les jurés de l'exposition de Londres, et plusieurs fonctionnaires.

M. le ministre de l'intérieur est arrivé un peu avant une heure et a pris place au fauteuil; il avait à sa droite M. le bourgmestre de Bruxelles et à sa gauche M. Van Hoegarden, président de l'exposition de Londres.

Au bureau étaient encore assis MM. Stevens, secrétaire général du département de l'intérieur; Fontainas, échevin de la ville de Bruxelles; Vander Belen, chef de la division des beaux-arts; Ed. Romberg, chef de la division de l'industrie.

A une heure, on a annoncé l'arrivée du Roi.

M. le ministre de l'intérieur et les membres du bureau sont allés recevoir S. M. et les princes à l'entrée du palais.

Le Roi, accompagné de LL. AA. RR. le duc de Brabant, le comte de Flandre et la princesse Charlotte, et des officiers de leur maison, est entré dans la salle au milieu des acclamations, et s'est rendu sur l'estrade.

M. le ministre a déclaré la séance ouverte et a accordé la parole à M. de Brouckere, bourgmestre de Bruxelles et président de la commission directrice de l'exposition des beaux-arts et de la commission belge de l'exposition de Londres. M. de Brouckere s'est exprimé en ces termes :

« Sire,

« Le gouvernement de Votre Majesté a eu la pensée heureuse de réunir les artistes et les industriels, d'associer, dans la distribution des palmes, à ceux qui cultivent le beau, les producteurs de l'utile, et de compléter l'œuvre du jury de Londres en proclamant celle des jurés de Bruxelles.

« Aussi longtemps, Sire, que l'on n'a réclamé que de l'activité et du dévouement, j'ai répondu, avec empressement, à l'appel du gouvernement ; mais, aujourd'hui, le sentiment profond du devoir peut seul me déterminer à élever la voix. Entretenir, à la fois, Votre Majesté devant l'élite de nos concitoyens, de la plus riche exposition des beaux-arts dont la Belgique puisse s'enorgueillir et de l'exposition universelle de l'industrie, est une tâche au-dessus de mes forces et devant laquelle je reculerais encore, si je n'osais compter sur l'indulgence du Roi comme sur la bienveillance de mon auditoire.

« Depuis vingt-cinq ans, l'idée d'une exposition universelle des produits de l'industrie préoccupait les esprits sérieux. Elle se représentait, périodiquement, à Paris et à Bruxelles ; mais il appartenait à l'Angleterre de réaliser un projet aussi vaste dans sa conception que fertile dans ses résultats. Il fallait un sol dont les habitants comprissent les bienfaits de la liberté commerciale pour asseoir l'exposition ; il fallait une impulsion aussi élevée, aussi persévérante que celle du prince Albert pour assurer la réussite de l'entreprise la plus colossale de notre siècle.

« C'est une histoire curieuse que celle des actes qui ont précédé et accompagné l'exposition. D'immenses difficultés ont été vaincues, et cependant, je le dis à regret, toutes n'ont pas été surmontées ; l'œuvre n'a pas été complète.

« Nous avons tenu, Sire, un rang honorable parmi les nations ; nous pouvons revendiquer notre part de succès dans tous les groupes, dans presque toutes les sections, malgré la tiédeur, l'indifférence d'un grand nombre de producteurs qui avaient mal compris la portée de l'exposition, malgré surtout l'absence d'un de nos éléments de supériorité : la confrontation des prix.

« Hyde-Park a été, pendant six mois, une école pour tous les producteurs du globe. Les plus habiles ont pu y puiser des enseignements dont la société recueillera les fruits; mais il a manqué à cet immense bazar une des données économiques les plus essentielles. Aussi, je crains bien que, malgré leurs nombreux triomphes, des voisins puissants ne persévèrent dans leur système exclusif de toute concurrence.

« Quant à nous, plus modestes, nous avons emporté la conviction que nous devons marcher d'un pas ferme dans la voie du progrès, pour conserver notre place. Le doute ne nous est plus permis. Nous arrêter, même pour les industries qui ont fait notre richesse, c'est nous perdre. Mais aussi nous avons la certitude que les producteurs belges n'ont pas besoin de s'abriter à l'ombre des prohibitions.

« Dans les quatre sections des matières premières, nous avons remporté 23 médailles et 33 mentions honorables, et, néanmoins, il faut en convenir, nous avions à peine compris, nous qui excluons les matières premières de nos expositions, l'importance de ce groupe. Londres atteste que nous n'avons rien à envier aux autres peuples sous le rapport des produits du sol. Non que je prétende à une supériorité exclusive; mais nous sommes amplement pourvus des moyens d'échange, et les échanges décuplent la richesse des nations comme celle des individus.

« Le mérite de nos ouvriers est incontesté. Honnêtes, paisibles, ils allient l'exactitude à l'habileté. C'est de la direction donnée au travail que dépend notre avenir, c'est à elle que nous faisons un appel au nom de la patrie!

« Les provinces de Brabant et de Liége ont surtout rehaussé l'éclat de l'exposition belge et nous ont valu dans les sections des tissus et des machines de nombreux succès. L'une a réuni 74 nominations, l'autre 45. Les étoffes de laine, les dentelles, les armes, les cuirs, les instruments de précision et de musique, la clouterie, la verrerie, la carrosserie, la marbrerie, ont soutenu avec honneur leur réputation!

« La vieille industrie flamande a également obtenu plusieurs distinctions; mais nous l'engageons à ne pas s'enivrer du succès. Ses représentants ont pu s'assurer qu'ils étaient suivis de près par les uns, devancés par d'autres. Nous nous confions dans leur énergie pour améliorer les parties faibles de leurs produits.

« Étranger aux opérations du jury, je ne puis apprécier, Sire, que les résultats généraux de l'exposition universelle ; et je constate que nous avons obtenu 208 nominations pour 510 exposants, et que, relativement à notre population, nous avons tenu une place plus considérable qu'aucune autre nation du continent.

« Nous n'avons, il est vrai, emporté que deux médailles de conseil ; mais quand je considère les conditions d'une pareille distinction, quand je me souviens que les sections où nous comptions le plus d'exposants d'élite ont été frustrées de cette médaille, je ne sais si nous devons regretter la parcimonie du conseil des présidents.

« Pour moi, je n'ai éprouvé, sous ce rapport, qu'une seule déception. Témoin de l'enthousiasme qu'avait fait éclater un de nos artistes les plus éminents, je dois regarder comme une erreur le verdict du jury sur Eugène Simonis.

« Londres, en effet, ne s'était pas borné à rassembler les productions industrielles ; elle avait convié à son immense concours quelques branches des beaux-arts, et la Belgique a pris, là encore, un rang distingué.

« Cette accession était un contre-temps fâcheux pour l'exposition triennale de Bruxelles, et cependant, Sire, l'appel que le gouvernement de Votre Majesté a fait aux artistes de tous les pays a été entendu : l'exposition des beaux-arts surpasse, en nombre et en splendeur, toutes celles qui l'ont précédée. Nous n'avons toutefois pas osé prendre un titre aussi imposant, nous n'avons pas fait un appel aussi opportun aux producteurs que l'Angleterre.

« Le résultat de notre essai timide d'une exposition universelle des beaux-arts est néanmoins une garantie de réussite complète pour l'avenir, si nous avons la franchise de nos intentions, si nous donnons aux artistes le temps de produire, si surtout nous savons nous placer au-dessus des préjugés et nous élever à la hauteur que commande un concours universel.

« Point d'esprit de coterie ni de localité, jugement équitable, le mérite sans distinction d'origine ou d'école, telle est la condition indispensable de l'émulation dans les arts. Je me flatte que, sous ce rapport, le jury que j'ai eu l'honneur de présider a compris sa mission ; j'ai la persuasion que les maîtres étrangers ne protesteront pas contre les appréciations de leurs émules belges, et trouveront, dès aujourd'hui, une garantie de l'impartialité flamande.

« Le gouvernement est entré dans une bonne voie pour la formation du jury. Il s'en remet à l'élection et n'exclut personne de l'éligibilité. Aussi nous obtiendrons naturellement des jurés cosmopolites, des jurés ayant la confiance de tous, parce que tous se connaissent déjà par leurs œuvres et ne tarderont pas à nouer des relations personnelles.

« Les fonctions du jury sont d'ailleurs devenues fort simples. A part les propositions d'achats et d'encouragements, elles se bornent à voter des médailles aux artistes qui, n'ayant obtenu ni la médaille de première classe, ni la décoration de l'ordre de Votre Majesté, ont fait preuve du talent le plus distingué.

« Forcés de nous restreindre dans les limites étroites qui nous étaient tracées, nous avons décerné 42 médailles d'or. Toutefois nous avons cru pouvoir dépasser notre mandat et représenter au gouvernement que, parmi les exposants auxquels nous accordions la médaille, il y en avait six qui nous paraissaient avoir mérité une plus haute distinction. Nous avons cru pouvoir également recommander à sa justice distributive quatre artistes qui avaient brillé aux expositions précédentes; mais nous avons eu le regret de devoir écarter l'architecture de nos propositions.

« Nous ne pouvions nous arrêter devant des dessins qui, à l'exception d'un seul, n'avaient pas les conditions nécessaires pour faire l'objet d'une épreuve sérieuse. Un projet architectural demande autre chose qu'un dessin de façade plus ou moins bien exécuté; il exige des plans terriers, des coupes, des devis. Le mérite des formes, la conception de l'artiste ne peuvent pas être isolés, dans l'appréciation, du choix ni de l'emploi des matériaux. C'est par leurs œuvres, en dehors des expositions, que les architectes doivent être jugés, à moins qu'ils ne présentent des études complètes de monuments d'utilité publique ou des systèmes nouveaux. Le gouvernement possède des éléments qui manquaient au jury pour asseoir une opinion.

« Aussi j'aime à me persuader que Votre Majesté, digne appréciatrice du mérite des artistes et de l'influence de l'art sur les mœurs comme sur la richesse générale, ne se bornera pas à sanctionner les propositions du jury.

« Le Roi entrevoit, sans doute, l'avenir, quand malgré nos hésitations, malgré le concours de la sculpture à Londres, malgré les expositions de Dusseldorf, de la Haye et de Munich, on admire à Bruxelles un aussi grand nombre d'œuvres éminentes de tant de pays, de tant d'écoles. Oui, Sire, la Belgique peut se flatter, par sa position, par son caractère hospitalier, de devenir le champ clos où les supériorités artistiques du monde se donneront rendez-vous pour se disputer, avec des armes courtoises, les palmes du génie; pour se produire sous les yeux des hommes de goût de toutes les contrées, pour étendre au loin leur réputation.

« Les expositions universelles seront aussi utiles à l'art que profitables aux artistes.

« Déjà toutes les écoles sont en progrès. Chacune a conservé ses qualités:

mais elles se corrigent de leurs défauts. Celle-ci, correcte de dessin, gagne par la couleur; celle-là, brillante d'imagination, se dépouille de ses excès; cette autre, riche de tons, charmante de détails, poétise ses compositions, depuis que les moyens de locomotion se multiplient, depuis que les distances disparaissent.

« On est d'accord sur la marche progressive du paysage, des scènes d'intérieur, des épisodes de la vie intime; on admet que sous le pinceau de Leys, le chevalet s'élève jusqu'à l'histoire; on reconnaît que les architectes et les sculpteurs érigent des monuments admirables; mais des zoïles déplorent la décadence de la grande peinture, comme si *Élisabeth de Hongrie* n'était pas dans notre salon, à côté du *Tintoret peignant sa fille morte*, comme si Gallait n'avait pas exposé *d'Egmont et de Horn recevant les derniers honneurs du Grand Serment de Bruxelles*.

« La peinture historique serait en décadence, et nous avons sous les yeux les cartons de Bendeman et de Jules Hubner, et nos artistes, s'inspirant de Michel-Ange et de Raphaël, importent chez nous la peinture murale, cherchent à rivaliser avec Schnetz, Cornelius, Horace Vernet et Schadow. Non, l'art ne rétrograde pas; il a de dignes interprètes partout et dans toutes les spécialités.

« Ce que je demande donc, ce que je désire, c'est que nous facilitions encore le progrès par le contact des œuvres, par la réunion des différentes écoles, par le frottement des maîtres de l'art, par leur centralisation, leur fusion à des époques périodiques.

« Les artistes obtiendront ainsi des résultats plus sérieux. Bruxelles deviendra le foyer des amis du beau, le centre des affaires artistiques. Le producteur ne devra plus faire voyager ses œuvres, ni sacrifier son temps pour chercher des clients.

« Osons donc, puisons des forces dans les faits qui frappent nos yeux. Une nouvelle exposition ne grèvera plus le budget de l'État. Le gouvernement pourra consacrer les crédits dont il dispose à l'agrandissement du musée, à l'acquisition de chefs-d'œuvre. Il est certain, désormais, du concours de la capitale, fière de l'avoir secondé dans un aussi brillant début.

« Choisissons longtemps d'avance le moment de cette grande entreprise, choisissons-le sans nous préoccuper de l'esprit de clocher. L'école flamande est une : elle ne peut vouloir le maintien des rivalités communales, quand l'art est cosmopolite, quand ceux qui le cultivent ne connaissent pas de jalousies internationales.

« Et vous, messieurs, dont nous n'avons cessé d'admirer les œuvres depuis trois mois, vous, enfants de la Belgique, qui accomplissez la mission de conserver une de nos gloires, comme vous, artistes de tous les pays, qui illustrez votre patrie : vous tous, en un mot, interprètes du beau et du vrai, recevez les remerciments chaleureux de la commission directrice et du jury. Vous avez rendu leur tâche difficile; mais vous avez la preuve que la commission a voulu accueillir tous les genres avec le même empressement; je voudrais pouvoir assurer que le jury avait assez de palmes à sa disposition.

« Recevez aussi, messieurs, le tribut de reconnaissance de la population de Bruxelles, j'ajouterais de la Belgique si elle n'avait ici un représentant plus direct, plus élevé. Au nom donc de la capitale, je puis, en toute assurance, vous répéter que nous conserverons un souvenir précieux de vos œuvres, et vous promettre, pour la prochaine exposition, une hospitalité, je ne dirai pas plus cordiale, mais plus digne de vous.

« Sire, vous me pardonnerez cette digression. Je sais que Votre Majesté s'associe aux sentiments que je viens d'exprimer aux artistes, je sais aussi le vif intérêt qu'elle porte à la prospérité de ceux dont je suis l'organe. Bruxelles est dévouée au Roi; elle a une entière confiance dans sa sollicitude éclairée. »

De nombreux applaudissements accueillent ce discours.

M. Ch. Rogier, ministre de l'intérieur, a pris ensuite la parole et s'est exprimé ainsi :

« SIRE,

« Votre Majesté a voulu donner une nouvelle preuve des sentiments de sollicitude qui l'animent pour ce qui peut contribuer à l'éclat et à la prospérité du pays, en présidant elle-même à cette solennité qui vient couronner un double concours dont les résultats sont également honorables et seront également féconds pour la Belgique.

« Ces résultats, Sire, vous avez pu les apprécier. Votre Majesté a désiré constater par elle-même la position qu'avait su prendre l'industrie belge dans le vaste champ qu'une pensée intelligente, autant que hardie, avait ouvert à Londres aux producteurs de toutes les contrées, et elle a pu s'assurer que la Belgique y avait soutenu sa renommée de nation active, habile et patiente au travail.

« Ainsi que Votre Majesté en a rendu témoignage, si les envois de quelques autres nations sollicitaient l'attention d'une manière plus vive, aucun, peut-être, ne présentait, dans son cadre, un ensemble plus varié ni plus en harmonie avec les besoins sérieux du commerce. M. le président de la commission directrice a entretenu Votre Majesté, d'une manière détaillée, de la part que la

Belgique a prise à l'exposition universelle, et des succès qu'elle y a recueillis. S'ils doivent inspirer à notre industrie une confiance légitime dans le résultat actuel de ses efforts, ces succès ne peuvent être durables, cependant, qu'à la condition que son élan se maintienne et se développe encore.

« L'exposition universelle de Londres a tracé une nouvelle voie aux expositions industrielles; elles ne peuvent plus, semble-t-il, être bornées dorénavant aux produits d'un pays seulement; il faut qu'elles deviennent la manifestation la plus instructive et la plus élevée de la concurrence, et que les producteurs, sans distinction d'origine, y rencontrent la consécration de leur supériorité, ou y apprennent le secret de leur faiblesse. Que les industriels belges se préparent donc, par de nouveaux efforts, à soutenir le parallèle avec leurs émules étrangers, à la prochaine exposition générale qui s'ouvrira à Bruxelles !

« Pendant que les producteurs industriels, accourus de tous les points du globe, venaient se mesurer sur le sol britannique, la Belgique donnait rendez-vous chez elle aux représentants des beaux-arts. Où mieux parler des arts que dans cette enceinte, monument improvisé par un sentiment patriotique et fraternel, et qui démontre tout ce que l'on pourrait attendre de l'inspiration et du talent de nos architectes, de nos sculpteurs et de nos peintres, le jour où un édifice durable, digne de recevoir les hôtes de nos expositions et de nos solennités nationales, sera élevé par la munificence du pays? Le gouvernement trouverait, je n'en doute pas, un concours efficace pour cette entreprise dans l'édilité bruxelloise, qui a donné plus d'une preuve de l'intérêt qui l'anime pour la prospérité de l'art.

« Ce n'est pas sans quelque hésitation, Sire, que j'avais soumis à Votre Majesté le projet d'instituer à Bruxelles une exposition générale des beaux-arts, en coïncidence avec l'exposition universelle de l'industrie. L'attention publique était trop fortement concentrée sur le grand spectacle qui était offert à Londres, pour qu'il n'y eût pas une sorte de présomption à l'appeler un moment ailleurs. Cependant notre but a été rempli, et le résultat a dépassé même notre espoir. Jamais exposition artistique n'a attiré à Bruxelles un plus grand nombre de visiteurs; jamais non plus, il est vrai, exposition artistique n'avait présenté une réunion aussi nombreuse et aussi remarquable d'œuvres de toutes les écoles et de tous les pays.

« Les artistes belges se sont montrés les dignes continuateurs de cette école flamande dont la renommée augmente en éclat encore tous les jours, et leurs compétiteurs étrangers ont fourni la preuve que chaque pays avait aujourd'hui sa part de gloire à revendiquer dans la carrière des arts. Dans le domaine artistique comme en industrie, le caractère d'universalité paraît lié désormais à l'idée de concours. Lorsqu'un nouvel appel sera fait aux représentants des beaux-arts, de quelque pays qu'il émane, que nos artistes y répondent, qu'ils se retrouvent en présence de leurs rivaux tels qu'ils se sont montrés à Bruxelles, et qu'ils conquièrent de nouveaux succès!

« Votre Majesté a bien voulu revêtir de sa sanction les propositions qui lui ont été faites par le jury pour récompenser le talent des artistes qui ont contribué à l'éclat de l'exposition. Mais elle ne s'est point arrêtée à ces limites. Sa juste libéralité est allée au delà. L'occasion, en effet, n'était pas ordinaire. Il s'agissait d'un concours sans précédent pour le nombre et le mérite des compétiteurs; et il était naturel que Votre Majesté mesurât les témoignages de sa bienveillance à l'importance de la lutte et à la difficulté du succès. Sans dépasser les limites d'une équitable rémunération des services et du talent, Votre Majesté aurait pu même étendre encore peut-être les effets de sa bienveillance, si, dans l'intérêt même de ces distinctions, il ne devait y être apporté une réserve, qui coûte quelquefois, mais qui peut seule en garantir la valeur.

« Il me reste, Sire, à adresser, au nom de Votre Majesté et au nom du pays, des remerciments publics à tous ceux qui, membres des commissions directrices ou jurés, ont prêté au gouvernement l'aide de leur dévouement et de leurs lumières pour l'exposition universelle de l'industrie à Londres et pour l'exposition des beaux-arts de Bruxelles. Ces remerciments sont dus surtout au premier magistrat de la capitale, dont l'inépuisable et intelligente activité a trouvé, dans l'une et l'autre circonstance, une nouvelle occasion de se produire! Enfin que nos sentiments de gratitude et de sympathie aillent trouver, au delà de nos frontières, le prince éclairé auquel appartient l'initiative de l'idée grandiose dont nous célébrons aujourd'hui, pour la Belgique, les résultats! »

Ce discours a été accueilli par les plus vifs applaudissements.

Les noms des industriels exposants et des artistes auxquels ont été décernées des médailles d'or ont été proclamés par M. Van Hoegaerden et par M. de Bronckere.

M. Stevens, secrétaire général du département de l'intérieur, a donné ensuite lecture des arrêtés royaux qui accordent la croix de chevalier de l'ordre de Léopold ou des promotions dans l'ordre à plusieurs industriels et artistes.

Voici la liste des récompenses accordées :

## 1.—EXPOSITION UNIVERSELLE DE LONDRES.

### NOMINATIONS DANS L'ORDRE DE LÉOPOLD.

### CHEVALIERS.

MM. **VAN HOEGAERDEN (CH.)**, fabricant, teinturier et filateur de coton,
à Cureghem, ancien président du tribunal de commerce de Bruxelles,
membre du conseil des présidents du jury international de l'exposition de Londres;

**ANCION (D. D.)**, fabricant d'armes, à Liége;

**CAPPELLEMANS AINÉ**, fabricant de cristaux, de gobeleteries, de
produits chimiques, à Laeken; de porcelaine, à Hal; de verre à vitre,
à Saint-Vaast, et de faïences, à Jemmapes;

**CLAES (PAUL)**, membre de la commission administrative du Musée
de l'industrie et de la chambre de commerce de Bruxelles, inventeur
de plusieurs instruments aratoires utiles, à Lembecq;

**DE BAST (CAMILLE)**, fabricant de tissus de coton, à Gand;

**DEHESELLE (JOSEPH)**, fabricant d'étoffes de laine, à Thimister;

**GODIN (ALEXIS)**, fabricant de papier, à Huy et à Andenne;

**HANICQ (P. J.)**, imprimeur-éditeur, à Malines;

**MERTENS (BARON)**, membre du jury agricole de l'exposition de
Londres, propriétaire, à Ostin;

**ORBAN (HENRI)**, l'un des chefs de la maison J. M. Orban et fils, à
Liége;

**SAINT-PAUL DE SINÇAY**, directeur de la société des mines et fonderies de la Vieille-Montagne, à Angleur;

**SCHEPPERS (F.)**, filateur et fabricant d'étoffes de laine, à Loth (Brabant) et à Thielt;

**VAN VOLSEM (PHILIPPE)**, cultivateur et distillateur, à Hal;

**WASHER (FRANÇOIS)**, fabricant de tulle et de réseau, à Bruxelles,
membre du jury international de l'exposition de Londres;

**CUYLITS (CHARLES)**, commissaire belge à l'exposition de Londres;

**ROMBERG (ÉDOUARD)**, chef de la division des affaires industrielles
au ministère de l'intérieur et secrétaire de la commission d'organisation de l'exposition universelle de Londres.

## 2. — LISTE DES INDUSTRIELS ET DES ARTISTES BELGES AUXQUELS DES RÉCOMPENSES ONT ÉTÉ ACCORDÉES PAR LE JURY INTERNATIONAL DE L'EXPOSITION UNIVERSELLE DE LONDRES.

### PREMIÈRE SECTION.

MINES, CARRIÈRES ET OPÉRATIONS MÉTALLURGIQUES.

#### MÉDAILLES.

**Amand,** *Ermeton-sur-Biert* (Namur). Fer.
**Chaudoir (C. et H.),** *Liége.* Tubes en laiton.
**Delloye-Matthieu,** *Huy.* Tôles en fer et acier.
**De Saint-Hubert,** *Bouvignes.* Pierres meulières.
**Moncheur (F. et A.),** *Andennes* (Namur). Fers.
**Mueseler,** *Liége.* Lampe de sûreté.
**Orban et fils,** *Liége.* Fers et tôles en fer.
**Remacle et Perard,** *Liége.* Tôles en fer.
**Société de la Nouvelle-Montagne,** *Verviers.* Zinc.
**Société de Pommerœul,** Fers.

#### MENTIONS HONORABLES.

**Fallon-Piron,** *Namur.* Marbre.
**Lamberty, frères,** *Stavelot.* Pierres à rasoir.
**Morimont,** *Wierde* (Namur). Meules.
**Pastor et Cᵉ,** *Andennes* (Namur). Briques réfractaires.
**Pérard et Mineur,** *Liége.* Fers.
**Temsonnet et Dartet,** *Namèche.* Briques réfractaires.
**Société John Cockerill,** *Seraing.* Machines pour opérer l'ascension dans les mines.

### DEUXIÈME SECTION.

PRODUITS CHIMIQUES ET PHARMACEUTIQUES.

#### MÉDAILLES.

**Cappellemans aîné et Cᵉ,** *Bruxelles.* Produits chimiques.
**Société de la Vieille-Montagne,** *Angleur* (Liége). Oxyde de zinc.

#### MENTIONS HONORABLES.

**Brasseur,** *Gand.* Céruse.
**Société de Floreffe** (Namur). Produits chimiques.

### TROISIÈME SECTION.

SUBSTANCES ALIMENTAIRES.

#### MÉDAILLE.

**Claus et Caron,** *Gand.* Sucres.

#### MENTIONS HONORABLES.

**Blyckaerts,** *Tirlemont.* Fécule de pommes de terre.
**Degryse,** *Poperinghe.* Houblon.
**Dequidt (Vᵉ),** *Poperinghe.* Houblon.
**Van Meries,** *Poperinghe.* Houblon.
**Vercauteren,** *Zele* (Flandre orientale). Tourteaux de lin.
**Vercruysse,** *Courtrai.* Tourteaux de lin et de colza.

### QUATRIÈME SECTION.

SUBSTANCES VÉGÉTALES ET ANIMALES POUR LES MANUFACTURES.

#### MÉDAILLES.

**Bissé,** *Bruxelles.* Huile.
**David et Deboe,** *Anvers.* Lin.
**Desmedt et Cᵉ,** *Zele.* Lin.
**Gilta,** *Appels* (Flandre orient.). Chanvre.
**Van Bogaert,** *Grembergen.* Lin, chanvre.
**Van Geeteruyen,** *Hamme.* Amidon.
**Van Riet,** *Moerzeke* (Fl. or.). Chanvre.
**Van Wiele,** *Grembergen.* Lin.
**Verbeeck,** *Grembergen.* Lin.
**Verhelst,** *Grembergen.* Chanvre.

#### MENTIONS HONORABLES.

**Bibct,** *Huy.* Colle-forte.
**Bocken et Cᵉ,** *Liége.* Amidon.

Claude, *Bruxelles*. Huile.
Debbaudt, *Courtrai*. Huile.
De Coninck, *Gand*. Soie grège.
Degraeve, *Gheluwe* (Flandre occ.). Lin.
De Mevius, *Forest*. Soie grège.
Depotter, *Audenaerde*. Soie grège.
Docquir et Parys, *Bruxelles*. Amidon.
Hansotte-Delloye, *Huy*. Colle-forte.
Leclercq, *Longchamps* (Namur). Lin.
Seghers, *Gand*. Noir animal et d'ivoire.
Strubbe et Baey, *Bruges*. Écorces pour
les tanneries.
Van Bunnen (M^me), *Bruges*. Fécule.
Van den Abeele, *Appels* (Fl. or.). Lin.
Van der Straeten, *Bruxelles*. Huile.
Vercruysse, *Deerlyck* (Flandre occ.). Lin.
Verstraeten, *Gand*. Noir animal.

## CINQUIÈME SECTION.

MACHINES POUR UN USAGE DIRECT.

### MÉDAILLE DE CONSEIL.

Société John Cockerill, *Seraing*. Machine à vapeur destinée à recevoir des roues à aubes mobiles pour bateaux de rivière; locomotives; machines à vapeur, etc.

### MÉDAILLE.

Société anonyme des hauts fourneaux de Marcinelle et Couillet (Hainaut). Ventilateur pour l'aérage des mines.

## CINQUIÈME SECTION, A.

VOITURES.

### MÉDAILLES.

Jones, frères, *Bruxelles*. Voitures.
Van Aken et fils, *Anvers*. Voitures.

## SIXIÈME SECTION.

MACHINES ET OUTILS MANUFACTURIERS.

### MÉDAILLES.

Société du Phœnix, *Gand*. Banc à broches.
Troupin, frères, *Verviers*. Tondeuse.

## HUITIÈME SECTION.

GÉNIE MILITAIRE, ARMES, ETC.

### MÉDAILLES.

Ancion et C^e, *Liége*. Collection d'armes.
Bernimolin, frères, *Liége*. Coll. d'armes.
Jansen, *Bruxelles*. Collection d'armes.
Lardinois, *Liége*. Carabines.
Lepage, *Liége*. Collection d'armes.
Plomdeur, *Liége*. Collection d'armes.
Renkin frères, *Liége*. Collection d'armes.
Tourcy, *Liége*. Collection d'armes.

### MENTIONS HONORABLES.

Falisse et Trapmann, *Liége*. Collection d'armes.
Malherbe, *Liége*. Collection d'armes.
Tinlot, *Herstal*. Fusil à deux coups.
Thonet, *Liége*. Fusil à deux coups.

## NEUVIÈME SECTION.

INSTRUMENTS AGRICOLES.

### MÉDAILLES.

Claes, *Lembecq* (Brabant). Rouleau et semoir.
Delstanche, *Marbais* (Brabant). Charrues.
Duchene, *Assche-en-Rifail*. (Namur). Baratte.
Odeurs, *Marlinne* (Limbourg). Charrue.

## DIXIÈME SECTION.

INSTRUMENTS DE PHYSIQUE, ETC.

### MÉDAILLES.

Beaulieu, *Bruxelles*. Théodolites et sextants.
Sacré, *Bruxelles*. Balances de précision.
Vanschendel, *Bruxelles*. Modèle de géométrie descriptive et de perspective.

### MENTION HONORABLE.

De Hennault, *Fontaine-l'Évêque*. Anémomètre.

## DIXIÈME SECTION, A.

### INSTRUMENTS DE MUSIQUE.

#### MÉDAILLES.

**Jastrzebski,** *Bruxelles*. Piano droit.
**Mahillon,** *Bruxelles*. Instrument à vent.

#### MENTIONS HONORABLES.

**Berden et Cᵉ,** *Bruxelles*. Pianos.
**Vogelsangs,** *Bruxelles*. Piano.

## ONZIÈME SECTION.

### TISSUS DE COTON.

#### MÉDAILLE.

**De Bast,** *Gand*. Calicot.

#### MENTION HONORABLE.

**De Cuyper,** *Saint-Nicolas*. Cotonnettes.

## DOUZIÈME SECTION.

### FILS ET TISSUS DE LAINE.

#### MÉDAILLES.

**Biolley et fils,** *Verviers*. Draps.
**Deheselle,** *Thimister* (Liége). Flanelles.
**Dubois et Cᵉ,** *Verviers*. Draps.
**Xhoffray et Cᵉ,** *Dolhain-Limbourg*. Fils de laine.

#### MENTION HONORABLE.

**Scheppers,** *Loth* (Braban). Tissus de laine.

## QUATORZIÈME SECTION.

### FILS ET TISSUS DE LIN.

#### MÉDAILLES.

**Berthelot et Bonte,** *Courtrai*. Fils filés à la main.
**Cooreman,** *Rebecq-Rognon*. Fils de mulquinerie.
**Cumont-Declercq,** *Alost*. Fils.
**Decock-Wattrelot et Baudouin,** *Roulers*. Tissus de lin.
**Kums,** *Anvers*. Tissus de lin.
**Moerman-Van Laere,** *Gand*. Toile.
**Parmentier,** *Iseghem*. Toile et batiste.

#### MENTIONS HONORABLES.

**Ameye-Berthe,** *Gand*. Toiles tissées à la mécanique.

**Commission administrative de la maison de correction de Saint-Bernard,** *Anvers*. Toiles.
**Deroubaix,** *Courtrai*. Coutils et toiles.
**Dobbelaere-Hulin,** *Gand*. Toiles.
**Dommer,** *Alost*. Toiles et batistes.
**Goens,** *Termonde*. Cordages.
**Société linière gantoire,** *Gand*. Fils de lin.
**Van Ackere,** *Werelghem*. Fils de lin.
**Wilford,** *Tamise*. Toiles.

## QUINZIÈME SECTION.

### TISSUS MÉLANGÉS.

#### MÉDAILLES.

**Catteaux frères,** *Bruxelles*. Étoffes pour pantalon.
**Catteaux-Gauquié,** *Courtrai*. Étoffes pour pantalon.
**Gilson et Bossut,** *Tournay*. Étoffes pour pantalons.
**Lemaire-Decamps et Plissart,** *Tournay*. Étoffes pour pantalons.
**Lienart-Chaffaux (Vᵉ),** *Tournay*. Étoffes pour pantalons.

## SEIZIÈME SECTION.

### CUIRS, FOURRURES, ETC.

#### MÉDAILLES.

**Hanssens-Hap,** *Vilvorde*. Crins préparés.
**Jorez fils,** *Bruxelles*. Cuirs vernis.
**Ladoubée-Lejeune,** *Bruxelles*. Objets de sellerie.
**Weinknecht,** *Bruxelles*. Fourrures.

#### MENTIONS HONORABLES.

**Sauchau de Baré,** *Namur*. Cuirs tannés.
**Ghislain-Dubois,** *Binche*. Cuirs.
**Masson,** *Huy*. Cuir tanné.
**Taillet,** *Bruxelles*. Cuirs.

## DIX-SEPTIÈME SECTION.

### PAPETERIE ET TYPOGRAPHIE.

#### MÉDAILLES.

**Godin et fils,** *Huy*. Papiers.
**Hanicq,** *Malines*. Livres liturgiques.

**MENTIONS HONORABLES.**

**Bemand**, *Courtrai*. Parchemin.
**Briard**, *Ixelles*. Bibles.
**Glenisson et Van Genechten**, *Turnhout*. Cartons et papiers de couleur.
**Jamar**, *Bruxelles*. Livres illustrés.

## DIX-NEUVIÈME SECTION.

DENTELLES, BRODERIES, TAPIS, ETC.
**MÉDAILLES.**

**Beck et fils**, *Courtrai*. Dentelles.
**Defrenne (M**me** Sophie)**, *Bruxelles*. Dent.
**Delehaye**, *Bruxelles*. Dentelles.
**Duhayon-Brunfaut et C**e**, *Bruxelles et Ypres*. Dentelles.
**Haeck (M**lle**)**, *Destelberghe*. Dentelles.
**Hammelrath**, *Ypres*. Dentelles.
**Heusschen-Van Eeckhout et C**e**, *Bruxelles*. Dentelles.
**Jorez fils**, *Bruxelles*. Toiles cirées.
**Melotte**, *Bruxelles*. Broderies en or.
**Naeltjens**, *Bruxelles*. Dentelles.
**Overman et Delvigne**. Manufact. royale de tapis. Tapis.
**Polak (M**lle** Flore)**, *Bruxelles*. Dessins pour dentelles.
**Reallier (M**lle**)**, *Bruxelles*. Dentelles.
**Soenen**, *Ypres*. Dentelles.
**Stocquart frères**, *Grammont*. Dentelles.
**Vanderkelen-Bresson**, *Bruxelles*. Dent.
**Van Halle**, *Bruxelles*. Vêtements ecclés.
**Van Kiel sœurs**, *Malines*. Dentelles.

**MENTIONS HONORABLES.**

**Bousson-Devliegere**, *Bruges*. Guipures.
**Dartevelle et Mounoury**, *Bruxelles*. Tulle brodé.
**Établissement Saint-Joseph**, *Verviers*. Guipures.
**Everaet sœurs**, *Bruxelles*. Dentelles.
**Roy**, *Bruxelles*. Dentelles.

## VINGTIÈME SECTION.

OBJETS DE VÊTEMENTS.
**MÉDAILLE.**

**Van Beneden-Bruers (M**me**)**, *Bruxelles*. Corsets.

**MENTIONS HONORABLES.**

**Berger (M**me**)**, *Bruxelles*. Corsets.
**Vanderoost**, *Bruxelles*. Chaussures.

## VINGT ET UNIÈME SECTION.

COUTELLERIE.
**MENTION HONORABLE.**

**Monnoyer**, *Namur*. Coutellerie.

## VINGT-DEUXIÈME SECTION.

TAILLANDERIE, SERRURERIE, ETC.
**MÉDAILLE DE CONSEIL.**

**Société de la Vieille-Montagne**, *Angleur*. Échantillons de zinc laminé.

**MÉDAILLES.**

**De Bavay**, *Bruxelles*. Clous.
**De Latour** (Société Van den Branden et Ce), *Schaerbeek*. Objets en fonte.
**De Rosée (Baron)**, *Namur*. Chaudronnerie en cuivre.
**Drion**, *Gosselies* (Hainaut). Clous.
**Falisse et Trapmann**, *Liége*. Capsules.
**Lefebvre**, *Tournay*. Clous.
**Limelette**, *Gosselies*. Clous.
**Mathys**, *Bruxelles*. Poêles et coffres-forts.
**Puissant**, *Court-St.-Étienne* (Brabant). Creusets en fonte.
**Société de la Nouvelle-Montagne**, *Verviers*. Tuiles en zinc.

**MENTIONS HONORABLES.**

**Fauconier (V**e**)**, *Châtelet* (Namur). Clous.
**Gob**, *Bruxelles*. Coffres-forts.
**Macquinay, frères**, *Liége*. Clous.
**Sieron**, *Bruxelles*. Clous.
**Société anonyme de Marcinelle et Couillet** Clous.
**Vandercamer**, *Bruxelles*. Vases en zinc.

## VINGT-TROISIÈME SECTION.

BIJOUTERIE, CISELURE, ETC.
**MÉDAILLE.**

**Falloise**, *Liége*. Incrust. sur métaux.

## VINGT-QUATRIÈME SECTION.

### VERRERIE.

#### MENTIONS HONORABLES.

**Bennert et Bivort,** *Jumet*. Verres à vitres.
**Cappellemans (J. B.),** *Bruxelles*. Bouteilles.

## VINGT-SIXIÈME SECTION.

### MEUBLES, ETC.

#### MÉDAILLES.

**Beernaert,** *Bruxelles*. Armoire sculptée.
**Couvert et Lucas,** *Bruxelles*. Parquets.
**De Keyn frères,** *Bruxelles*. Parquets.

#### MENTIONS HONORABLES.

**Deruelle-Delevoye,** *Gand*. Buffet cylindrique.
**Devis,** *Bruxelles*. Papiers d'ameublement
**Menge,** *Bruxelles*. Objets en bois sculpté.
**Roulé,** *Anvers*. Meubles.

## VINGT-SEPTIÈME SECTION.

### MARBRES TRAVAILLÉS, CIMENTS, ETC.

#### MÉDAILLES.

**Boucher,** *Baudour*. Cornue en terre réfractaire.
**Leclercq,** *Bruxelles*. Cheminée en marbre.

#### MENTIONS HONORABLES.

**Administration communale de Marchin,** *Liége*. Creusets.
**Coste,** *Tilleur* (Liége). Creusets.
**Desmanet de Biesme (Vicomte),** *Namur*. Pilastres de marbre.
**Guislain,** *Hastière-la-Vaux* (Namur). Guéridon de marbre.
**Joostens,** *Dixmude*. Pinacle en pierre sculptée.

**Smal-Werpin,** *Huy*. Étalages en briques réfractaires.
**Zaman et Cᵉ,** *Bruxelles*. Pavés.

## VINGT-HUITIÈME SECTION.

### PRODUITS DE SUBSTANCES ANIMALES OU VÉGÉTALES, NON COMPRIS DANS LES SECTIONS PRÉCÉDENTES.

#### MÉDAILLES.

**Julin,** *Liége*. Camées.
**Loncke-Haeze,** *Roulers*. Brosses.
**Marin,** *Spa*. Objets en bois de Spa.
**Somzé-Mahy,** *Liége*. Brosses.

#### MENTION HONORABLE.

**Misson (E. et L.),** *Spa*. Ouvrages en bois de Spa.

## VINGT-NEUVIÈME SECTION.

### OBJETS DIVERS.

#### MÉDAILLES.

**Quanonne (C. et J.),** *Cureghem*. Bougies.
**Touche-Gillès,** *Anvers*. Savon.
**Van Campenhoudt,** *Gand*. Bougies.

## TRENTIÈME SECTION.

### BEAUX-ARTS.

#### MÉDAILLES.

**Fraikin,** *Bruxelles*. Sculpture.
**Geefs,** *Bruxelles*. Sculpture.
**Geerts,** *Louvain*. Sculpture sur bois.
**Simonis,** *Bruxelles*. Sculpture.
**Tuerlinckx,** *Malines*. Sculpture.

#### MENTIONS HONORABLES.

**Geefs,** *Anvers*. Sculpture.
**Hart,** *Bruxelles*. Sculpture.
**Jaquet cadet,** *Bruxelles*. Médailles.
**Jehotte,** *Liége*. Médailles.

## 2.—EXPOSITION GÉNÉRALE DES BEAUX-ARTS.

I. — NOMINATIONS ET PROMOTIONS DANS L'ORDRE DE LÉOPOLD (¹).

### OFFICIERS.

MM. **GALLAIT (LOUIS)**, peintre d'histoire, à Bruxelles;
**LEYS (HENRI)**, artiste peintre, à Anvers;
**SIMONIS (EUGÈNE)**, statuaire, à Bruxelles;
**GEEFS (GUILLAUME)**, statuaire, à Bruxelles;

### CHEVALIERS.

MM. **COGNIET (LÉON)**, peintre d'histoire, à Paris, membre de l'Institut de France;
**BEGAS (C.)**, peintre de S. M. le roi de Prusse, à Berlin;
**BENDEMANN (ÉDOUARD)**, peintre d'histoire, à Dresde;
**CORR (ÉRIN)**, professeur à l'Académie des beaux-arts d'Anvers;
**DAVID (MAXIME)**, peintre en miniature, à Paris;
**DUMONT (AUGUSTIN)**, statuaire, à Paris, membre de l'Institut de France;
**DUMONT (J.)**, architecte, à Bruxelles;
**DYCKMANS (J.)**, artiste peintre, à Anvers, professeur à l'Académie royale des beaux-arts de cette ville, et membre correspondant de la classe des beaux-arts de l'Académie royale de Belgique;
**FLEURY (ROBERT)**, peintre d'histoire, à Paris, membre de l'Institut de France;
**FOURMOIS (TH.)**, artiste peintre à Bruxelles;
**LEU (A.)**, artiste peintre, à Dusseldorf;
**MARTINET (ACHILLE)**, artiste graveur, à Paris;
**PORTAELS (JEAN)**, peintre d'histoire, à Bruxelles;
**SCHUBERT (JOSEPH)**, artiste dessinateur, à Bruxelles;
**STEVENS (JOSEPH)**, artiste peintre, à Bruxelles;

---

(¹) MM. Simonis et Geefs n'ont pas pris part à l'exposition des beaux-arts de 1851, à Bruxelles. La haute distinction dont ils ont été honorés leur a été décernée à l'occasion du succès éclatant qu'ils ont obtenu à l'exposition universelle de Londres. Nous avons cru toutefois que c'était ici qu'il convenait de mentionner cette distinction.

MM. **TSCHAGGENY (CHARLES)**, artiste peintre, à Bruxelles ;

**VAN OS (G. J. J.)**, artiste peintre, à Paris ;

**VERVEER (P. L.)**, artiste peintre, à la Haye ;

**WILLEMS (FLORENT)**, artiste peintre, à Bruxelles.

**VAN DER BELEN (EUGÈNE)**, chef de la division des beaux-arts au ministère de l'intérieur ;

**VAN DEN BERGHEN (CH. J.)**, négociant, à Bruxelles ;

II.—MÉDAILLES.

MM. **AUBIN (G.)**, à Bruxelles, pour ses portraits au pastel ;

**BLES (DAVID)**, à la Haye, pour le tableau de genre intitulé : *Un jeune Ménage* ;

**BORREL (V. M.)**, à Paris, pour ses médailles ;

**CLAYS (P. J.)**, à Bruxelles, pour ses marines ;

**FRANCIA (A. T.)**, à Bruxelles, pour ses marines ;

**FRANCK (JOSEPH)**, à Bruxelles, pour sa gravure représentant : *le Parmesan*, d'après le tableau de M. Van Eyken ;

**FRANÇOIS (ALPHONSE)**, à Paris, pour son dessin représentant *Hérodiade*, et sa gravure représentant *Pic de la Mirandole*, d'après Paul de la Roche ;

**FRANÇOIS (JULES)**, à Paris, pour ses gravures représentant *Napoléon à Fontainebleau* et *les Pèlerins à Rome*, d'après Paul de la Roche ;

**FRISON (BARTHÉLEMY)**, à Tournay, pour ses sculptures ;

**GUFFENS (GODEFROID)**, à Anvers, pour ses tableaux représentant *Lucrèce, Un jeune garçon et une jeune fille des Abruzzes* ;

**HART (F.)**, à Bruxelles, pour ses médailles ;

**HASENGLEVER (J. P.)**, à Dusseldorf, pour son portrait et ses tableaux de genre ;

**HUBNER (JULES)**, à Dresde, pour son tableau représentant *l'Age d'Or*, et ses cartons des vitraux de la chapelle de Wynberg ;

**JOYAND (JULES)**, à Paris, pour son tableau représentant l'intérieur de la cour du palais Ducal, à Venise ;

**KRUSEMAN (CORNEILLE)**, à la Haye, pour ses tableaux religieux ;

**MEISSONIER (ERNEST)**, à Paris, pour ses tableaux de genre ;

**MÈNE (P. J.)**, à Paris, pour ses groupes sculptés en bronze ;

**MEYER (LOUIS)**, à la Haye, pour ses marines ;

**MOUILLERON**, à Paris, pour ses lithographies ;

MM. **O'CONNEL** (M<sup>me</sup> **FRÉDÉRIQUE**), à Bruxelles, pour ses tableaux
    d'histoire;

**PÉRIGNON** (**ALEXIS**), à Paris, pour ses portraits;

**QUINAUX** (**J.**), à Bruxelles, pour ses paysages;

**ROQUEPLAN** (**CAMILLE**), à Paris, pour son tableau représentant
    *la Fontaine du grand figuier*;

**STEVENS** (**ALFRED**), à Bruxelles, pour ses tableaux de genre;

**TIBERGHIEN** (**LOUIS**), à Bruxelles, pour ses tableaux religieux;

**TUERLINCKX** (**JOSEPH**), à Malines, pour ses sculptures;

**VANDER VEN** (**J. A.**), à Bois-le-Duc, pour sa statue représentant
    *Ève tentée par le Démon*

**VANLÉRIUS** (**J.**), à Anvers, pour ses tableaux représentant *l'Enfance*
    *de Paul et Virginie*;

**VANSEVERDONCK** (**J.**), à Bruxelles, pour son tableau représentant
    *Jacques Callot enfant parmi les Bohémiens*;

**VETTER** (**HÉGÉSIPPE-JEAN**), pour le portrait de M<sup>me</sup> B**;

**WIENER** (**LÉOPOLD**), à Bruxelles, pour ses médailles;

**WEBER** (**FRÉDÉRIC**), à Paris, pour ses gravures d'après de Keyser,
    Steuben et Holbein;

**ZIMMERMANN** (**ALBERT**), à Munich, pour son paysage;

**ZUCCOLI**, pour ses tableaux de genre.

## BANQUET OFFERT A LA COMMISSION DIRECTRICE ET AUX MEMBRES BELGES DU JURY DE L'EXPOSITION DE LONDRES, PAR LES EXPOSANTS NATIONAUX.

—

Le projet d'offrir un banquet à la commission directrice et aux jurés belges de l'exposition de Londres avait reçu de nombreuses adhésions tant à Bruxelles qu'en province.

Le banquet a eu lieu à l'hôtel de ville de Bruxelles, le 3 novembre, le soir même de la distribution des récompenses.

Lundi, dès avant six heures, les convives remplissaient les vastes salons de l'hôtel de ville. Ils étaient reçus à la porte de ces salons par les commissaires, qui n'ont cessé de veiller, pendant toute la soirée, à ce que tout fût digne de la réunion.

La salle du banquet était toute resplendissante de fleurs, de trophées et de lumières. Cette salle, ainsi décorée, offrait un magnifique coup d'œil. Sur l'estrade même, était dressée la table principale; elle comprenait trente couverts. Au bas de l'estrade et des deux côtés de la salle, dans toute sa longueur, s'étendaient deux autres tables de soixante couverts chacune. La réunion comprenait donc environ 150 convives; mais un assez grand nombre d'industriels souscripteurs n'avaient pu se rendre au banquet pour des motifs particuliers. Sans cela, le nombre des convives eût été plus considérable.

M. le bourgmestre a pris place, en sa qualité de président du banquet et de la commission directrice de l'exposition, au centre de la table principale. Il avait à sa droite M. Ch. Rogier, ministre de l'intérieur, puis M. Cuylits, commissaire belge à l'exposition de Londres; à sa gauche, M. Van Hoegaerden, vice-président de la commission directrice, puis M. F. Spitaels. Les autres places de la table principale étaient occupées par les divers membres de cette même commission, les membres du jury et ceux de la commission organisatrice du banquet.

Au dessert, M. le ministre de l'intérieur s'est levé le premier et a porté le toast suivant :

« J'ai l'honneur, messieurs, de vous proposer un toast au Roi. — Au Roi, qui sait apprécier, seconder, récompenser les efforts de l'industrie belge! — A la famille royale, à laquelle toutes les familles belges associent leurs destinées! » (Applaudissements prolongés; cris répétés de : *Vive le Roi!*)

M. Charles de Brouckere, président du banquet, se lève ensuite et porte en ces termes le second toast :

« J'ai l'honneur de vous proposer un toast au prince Albert, président de la commission royale de l'exposition universelle, à celui qui a pris le premier au sérieux la pensée de réunir les produits du sol et de l'industrie de tous les pays du monde, et qui par la force de sa volonté a su triompher de tous les obstacles et amener à fruit cette entreprise gigantesque. Au prince qui, se souvenant du séjour qu'il a fait chez nous, a constamment montré une grande bienveillance pour les intérêts belges! Portons un toast d'admiration et de reconnaissance au prince Albert. » (Applaudissements.)

La troisième santé a été portée par M. Jorez, qui s'est exprimé ainsi :

« Messieurs, j'ai l'honneur de vous proposer la santé de M. Ch. Rogier, qui a bien voulu honorer ce banquet de sa présence. Vous savez, messieurs, que si la Belgique industrielle a si dignement figuré à l'exposition universelle de Londres, c'est à cet honorable ministre qu'elle en est redevable. C'est lui, en effet, qui a présenté aux chambres les lois de crédits destinés à en couvrir les frais, qui a nommé la commission directrice, qui, il y a un mois, est venu apprécier par lui-même nos travaux en parallèle avec ceux du monde industriel. C'est lui enfin qui, ce matin, nous associant aux artistes, gloire de notre pays, a bien voulu entourer de l'éclat d'une solennité, présidée par le souverain, la distribution des médailles décernées par le jury de l'exposition. Monsieur, dans une autre enceinte, vous avez à soutenir des luttes où vous montrez l'alliance d'un beau caractère et d'un grand talent. (Applaudissements qui interrompent l'orateur.) Mais ici dans cette réunion des chefs de la famille industrielle du pays, il n'y a ni majorité, ni minorité, et tous organes de l'industrie belge, nous sommes unanimes pour vous acclamer dans ce vivat, expression de notre reconnaissance.

« *Vive M. Ch. Rogier, ministre de l'intérieur!* » (Ce cri est répété avec enthousiasme et accueilli par des applaudissements prolongés.)

M. Rogier a répondu par un toast à l'industrie belge : « Je porte (a-t-il dit)

un toast à l'industrie belge, dont je vois ici de si nombreux et si dignes représentants, au milieu desquels je suis fier de me trouver. Je porte un toast à
l'industrie belge, parce que tout ce qu'elle fait de bon et de grand tourne au
profit de la Belgique entière, de son bien-être, de sa civilisation. La Belgique
industrielle vient de prouver ce qu'elle est, ce qu'elle peut être, dans ce grand
concours ouvert à toutes les nations. On a trouvé, je le sais, qu'elle se présentait sous des dehors modestes; mais il y avait, sous ce vêtement modeste,
quelque chose de sérieux, de solide; ce qui est le véritable caractère de notre
industrie. Les dehors étaient modestes; mais le fond était riche; et c'est là le
caractère non-seulement de l'industrie belge, mais de toute la nation. L'écorce
n'a pas beaucoup d'apparence; mais la séve y circule et les fruits sont excel-
lents. (Applaudissements.)

« Je porte donc un toast à l'industrie belge, et je le porte avec la confiance
qu'elle continuera de marcher sagement, mais courageusement, comme elle
l'a fait, dans la voie du progrès, et que le jour où nous appellerons chez nous,
à notre tour, les industries étrangères, tout en leur offrant l'hospitalité tradi-
tionnelle de notre belle patrie, nous saurons aussi lutter victorieusement
contre elles. — A l'industrie belge et à son avenir ! » (Ces paroles sont accueil-
lies par des marques unanimes de sympathie et de reconnaissance )

M. Auguste Jones a porté, en ces termes, la santé du président du
banquet :

« Messieurs, nous vous proposons la santé de M. Ch. de Brouckere, président de la commission directrice de l'exposition universelle de Londres, et
qui nous fait l'honneur de présider aujourd'hui notre banquet. Nous laissons
à d'autres le soin de fêter en lui le premier magistrat de la cité. Quant à nous,
messieurs, qu'il nous soit permis de ne voir en M. Ch. de Brouckere que
l'homme éminent qui a consacré sa haute intelligence, son dévouement sans
bornes, son incroyable activité, à diriger la participation des exposants belges
à l'exposition universelle de Londres. Vous qui avez apprécié, par vous-
mêmes, les difficultés de l'entreprise, qui avez vu le nombre toujours croissant
de colis que recevait la commission, la brièveté du délai qui était accordé,
vous pouvez dire que, sans les qualités qui distinguent à un si haut degré
notre honorable président, jamais l'industrie belge ne se fût élevée, dans ce
congrès de l'industrie du monde, à la hauteur où elle s'est placée par son con-
tingent et par l'heureuse disposition de ses produits. — Monsieur le président,
la grande famille des industriels, qui s'honore de vous avoir au nombre de

ses membres, sait qu'elle peut compter sur vous; nous serions des ingrats si en toute circonstance vous n'aviez pas le droit, à votre tour, de compter sur notre reconnaissance et notre concours. — *Vive M. de Brouckere!* » (Ce toast, plusieurs fois interrompu par des applaudissements, est accueilli par de nombreux vivat.)

« Je vous remercie du fond du cœur, a répondu M. de Brouckere, du toast auquel vous venez de vous associer. La position que j'occupe, je la dois à l'industrie. Si j'ai pu récupérer quelque fortune, c'est en agissant comme vous, en travaillant à la tête de la Vieille-Montagne que j'y suis parvenu. Je vous suis bien reconnaissant, messsieurs, du toast que vous avez bien voulu me porter. »

M. Henri Jones a porté, en ces termes, la cinquième santé :

« Messieurs et chers confrères, c'est à ceux de nos concitoyens qui ont représenté la Belgique dans la commission directrice et dans les jurys de l'exposition universelle de Londres que cette fête est offerte. Je vous prie de vous joindre à moi pour porter leur santé. La commission directrice, ainsi que M. Cuylits, l'agent belge à Londres, ont dignement secondé son honorable président, et *c'est tout dire.*

« Une mention particulière est due au diplomate distingué qui, donnant un exemple que, dans l'intérêt de l'industrie, nous voudrions voir suivre partout, n'a pas cru déroger en descendant des hauteurs de la politique pour s'occuper activement des intérêts industriels de ses compatriotes. Honneur donc à M. Van de Weyer, président des jurys belges, dont nous regrettons ici l'absence ! Quant aux autres membres des jurys, vous connaissez leur patriotisme, leur équité, leur bienveillance pour nous tous. Aussi leur savez-vous gré, non-seulement de ce qu'ils ont fait, mais aussi de ce qu'ils ont voulu faire. La coalition des intérêts des nations rivales a fait souvent échouer leurs propositions, et si tous les exposants belges croient ne pas avoir été récompensés selon leurs œuvres, nul ne peut s'en prendre aux jurés belges, qui ont dû céder au nombre. Aussi sommes-nous unanimes dans l'expression de notre reconnaissance, et c'est sans arrière-pensée que tous nous portons cette santé : A messieurs les membres de la commission directrice et des jurys belges ! » (Bravos prolongés.)

M. Grenier-Lefebvre, sénateur et membre du jury, a répondu : « Je vous remercie, messieurs, du toast que vous avez bien voulu nous porter. Si nous avons défendu vos intérêts avec chaleur, ce n'était pas seulement par un sentiment national, mais c'était parce que nous étions convaincus que vous aviez droit aux distinctions que nous proposions en votre faveur. Permettez-moi donc de m'associer au toast porté par l'honorable ministre de l'intérieur et de boire à la prospérité de l'industrie belge, si intimement liée à la prospérité de notre belle patrie. »

Dans cette fête de l'industrie, les ouvriers ne pouvaient être oubliés. M. J. B. Cappellemans a porté en ces termes leur santé, qui a été fort applaudie : « Messieurs, la commission organisatrice de ce banquet vous propose, par ma voix, la santé de la classe ouvrière. Aux ouvriers, nos compagnons, à ces intrépides travailleurs dont l'exposition universelle de Londres a mis en relief l'activité et l'intelligence !

« N'oublions pas ce que l'industrie doit à leurs efforts; servons-leur de guide, de conseil; relevons-les à leurs propres yeux; poursuivons la grande œuvre de l'amélioration intellectuelle et morale. Nous suivrons ainsi, sans être précipités, les idées de progrès et d'amélioration sociale. Déjà ces idées ont été comprises : les hommes les plus haut placés, les plus influents, se sont ligués pour les répandre dans le domaine public.

« A la tête de cette ligue, nous voyons en Angleterre le prince Albert: en Belgique, nous y voyons le ministre de l'intérieur, qui a bien voulu assister à cette solennité, à cette fête de famille. Applaudissons à cette généreuse tendance de la philanthropie moderne. Venons en aide, dans la limite de nos forces, à ces caisses de prévoyance, qui, dans les temps difficiles, doivent produire de si bons résultats. Messieurs, nous en avons le pressentiment, l'avenir nous réserve, pour prix de nos efforts, de voir, sans bouleversement et au profit de tous, se résoudre ce grand problème de l'association de la main-d'œuvre et du capital, et de la voir devenir un élément de force, de production et de prospérité. — *Aux ouvriers belges !* »

Une dernière santé a été portée par M. Van Hoegarden, membre du jury, qui s'est exprimé ainsi :

« J'ai l'honneur de vous proposer une santé aux exposants et aux membres de la commission organisatrice du banquet. Aux exposants, pour l'empressement qu'ils ont mis à envoyer leurs produits à l'exposition, prouvant ainsi qu'ils ne craignaient pas la concurrence étrangère ! Aux membres de la commission organisatrice, pour les remercier de leur initiative et des soins qu'ils ont bien voulu donner au banquet auquel nous avons le plaisir d'assister! » (Applaudissements.)

Ces dernières acclamations éteintes, les convives sont rentrés dans les salons, où de longues, intéressantes et affectueuses conversations se sont engagées entre eux, ayant presque toutes pour sujet les progrès de notre industrie, la récapitulation des triomphes qu'elle a obtenus, l'espérance de ceux qui l'attendent dans l'avenir.

# TABLE DES MATIÈRES.

9 782329 736419